Na Alegria

Dados Internacionais de Catalogação na Publicação (CIP)
(Câmara Brasileira do Livro, SP, Brasil)

Francisco, Papa
  Na alegria : o modo de vida do cristão / Papa Francisco ; organizado por Anna Maria Foli ; [tradução Silvana Cobucci Leite]. – 1. ed. – Petrópolis, RJ : Vozes, 2021.

  Título original: Nella Gioia
  ISBN 978-65-5713-259-3

  1. Alegria – Aspectos religiosos – Cristianismo
2. Espiritualidade 3. Francisco, Papa, 1936 4. Reflexões
I. Foli, Anna Maria. II. Título.

21-66373   CDD-248.4

Índices para catálogo sistemático:
1. Alegria : Vida cristã : Cristianismo   248.4

Maria Alice Ferreira – Bibliotecária – CRB-8/7964

PAPA FRANCISCO

Na Alegria

O modo de vida do cristão

Organizado por
Anna Maria Foli

Tradução de Silvana Cobucci Leite

Petrópolis

© 2019 Mondadori Libri S.p.A., Milão
© 2019 Libreria Editrice Vaticana
Publicada por Mondadori Libri S.p.A sob o selo da Piemme
Direitos negociados através da Agência Literária Ute Körner
www.uklitag.com

Tradução realizada a partir do original em italiano intitulado
Nella Gioia. Le ragioni della nostra speranza, de Jorge Mario Bergoglio.

Direitos de publicação em língua portuguesa – Brasil:
2021, Editora Vozes Ltda.
Rua Frei Luís, 100
25689-900 Petrópolis, RJ
www.vozes.com.br
Brasil

Todos os direitos reservados. Nenhuma parte desta obra poderá
ser reproduzida ou transmitida por qualquer forma e/ou quaisquer
meios (eletrônico ou mecânico, incluindo fotocópia e gravação)
ou arquivada em qualquer sistema ou banco de dados
sem permissão escrita da editora.

CONSELHO EDITORIAL

Diretor
Gilberto Gonçalves Garcia

Editores
Aline dos Santos Carneiro
Edrian Josué Pasini
Marilac Loraine Oleniki
Welder Lancieri Marchini

Conselheiros
Francisco Morás
Ludovico Garmus
Teobaldo Heidemann
Volney J. Berkenbrock

Secretário executivo
João Batista Kreuch

Diagramação: Sheilandre Desenv. Gráfico
Revisão gráfica: Nilton Braz da Rocha
Capa: Felipe Souza | Aspectos

ISBN 978-65-5713-259-3 (Brasil)
ISBN 978-88-566-6312-9 (Itália)

Editado conforme o novo acordo ortográfico.

Este livro foi composto e impresso pela Editora Vozes Ltda.

*Um cristão nunca pode ficar entediado ou tris-
te. Quem ama Cristo é uma pessoa cheia de
alegria e que transmite alegria.*

Twitter, *30 de junho de 2013*

Sumário

DA TRISTEZA À ALEGRIA, 13

A alegria do cristão, 15

Alegria e diversão, 16

Hino à alegria, 17

O dom da admiração, 18

A fonte da alegria, 19

A alegria de evangelizar, 21

Amanhã a alegria!, 22

A semente da alegria, 23

Com o coração exultante, 24

Da escravidão à liberdade, 25

O vírus da tristeza, 26

Alegria contagiante, 27

A busca da felicidade, 28

A alegria do amor, 29

Feliz anúncio, 30

Esposos na alegria e no sofrimento, 32

Alegremo-nos, 33

Jovens à procura, 34

A alegria do encontro, 35

DO SOFRIMENTO À ESPERANÇA, 37

Alegria e esperança, 39

Sementes de vida, 40

A alegria de Abraão, 41

O caminho da esperança, 42

Além do sofrimento, 43

Alegres na esperança, 45

Semeadores de esperança, 46

Abramo-nos para o Senhor, 47

Da cruz à esperança, 48

A boa notícia, 49

Deus conosco, 51

A esperança dos mártires, 51

Cultivar os sonhos, 53

Da desilusão à esperança, 54

Novos céus e nova terra, 56

Mãe de esperança, 57

DO PRANTO AO CONSOLO, 59

Chorar de alegria, 61

As razões do coração, 62

Jesus chora, 63

A oração atendida, 65

O conforto da oração, 66

O pranto de um pai, 68

Lágrimas de Deus, 69

Enxugar as lágrimas, 70

Palavra de consolação, 72

O verdadeiro sorriso, 73

Lágrimas de piedade, 74

DA MORTE À VIDA, 77

A derrota da morte, 79

A morte na família, 80

A força do amor, 81

Novamente juntos, 83

A certeza da ressurreição, 84

A ajuda de Deus, 86

Retirem a pedra!, 87

Irmã morte, 89

Anunciar a vida, 90

A alegria de Maria Madalena, 91

Da derrota à alegria, 92

A alegria final, 93

DA SOLIDÃO À COMUNHÃO, 95

A ponte do diálogo, 97

A solidão do pastor, 98

Com o Senhor ao lado, 100

O olhar de Deus, 101

O dom de um sorriso, 102

Deixemos Jesus entrar, 103

A amizade do Senhor, 104

A redescoberta da fraternidade, 105

Gratuidade, 106

A força da união, 108

Alegria pelos outros e com os outros, 109

DA DOENÇA À CURA, 111

Ao lado dos doentes, 113

Da revolta à fé, 114

Aceitar as limitações, 115

A terapia do sorriso, 117

A resposta para as nossas perguntas, 119

A aposta, 120

A força da família, 121

Nossa missão, 122

O consolo da proximidade, 124

A alegria do anúncio, 125

A alegria da fé, 126

DA ESCURIDÃO À LUZ, 129

Uma luz nas trevas, 131

Luz do mundo, 131

Portadores da luz de Jesus, 133

Vem a luz, 133

A estrela da fé, 135

A vitória da luz, 136

O sol do Natal, 137

O coração repleto de luz, 138

Sal e luz da terra, 140

Iluminação, 141

Aquela luz nos olhos, 142

Sol eterno, 143

Convite à alegria, 145

Recomeçar com alegria, 146

A alegria da santidade, 148

Treinar-se para a alegria, 149

Criados para a alegria, 150

Da tristeza à alegria

Deixemos que o encontro com Jesus transforme nossa tristeza em alegria.

Audiência geral, *27 de maio de 2017*

A alegria do cristão

Que a alegria seja de fato a virtude do cristão. Os cristãos são homens e mulheres com alegria no coração. Não existe cristão sem alegria.

Alguém poderia objetar: "Mas, Padre, eu conheço tantos assim!", sugerindo desse modo que não são cristãos: dizem que são, mas não são, pois lhes falta alguma coisa.

A carteira de identidade do cristão é a alegria, a alegria do Evangelho, a alegria de ter sido eleitos por Jesus, salvos por Jesus, regenerados por Jesus; a alegria daquela esperança de que Jesus espera por nós. E, mesmo nas cruzes e nos sofrimentos desta vida, o cristão vive aquela alegria, expressando-a de outra maneira, isto é, com a paz proveniente da certeza de que Jesus nos acompanha, está conosco.

De fato, o cristão vê esta alegria aumentar com a confiança em Deus. Ele sabe muito bem que Deus se lembra dele, que o ama, o acompanha e o espera. E aí está a alegria.

Homilia na Capela da Casa Santa Marta, 23 de maio de 2016

Alegria e diversão

Um cristão vive na alegria. Mas onde está essa alegria nos momentos mais tristes, nos momentos do sofrimento? Pensemos em Jesus na cruz: estava alegre? É claro que não! Mas certamente estava em paz! De fato, no momento da dor e da provação, a alegria se transforma em paz. Ao contrário, no momento da dor, uma diversão se transforma em escuridão, em trevas.

Eis por que o cristão sem alegria não é cristão; o cristão que vive sempre na tristeza não é cristão. Os cristãos que, no momento das provações, das doenças, de tantas dificuldades, perdem a paz carecem de alguma coisa.

Não devemos ter medo, mas alegria: não ter medo é pedir a graça da coragem, a coragem do Espírito Santo; e ter alegria é pedir o dom do Espírito Santo, mesmo nos momentos mais difíceis, com aquela paz que o Senhor nos dá.

E o que acontece com os cristãos acontece com as comunidades, com toda a Igreja, com as paróquias, com tantas comunidades cristãs. De fato, há comunidades medrosas, que sempre se mantêm em terreno conhecido: "Não, não, não vamos fazer isso... Não, não, isso não pode ser feito, não podemos fazer isso". A impressão é que na porta de entrada escreveram "proibido": tudo é proibido por medo.

Assim, ao entrar naquela comunidade, sentimos que o ar está viciado, porque a comunidade está doente: o medo adoece uma comunidade; a falta de coragem adoece uma comunidade.

Mas uma comunidade sem alegria também é uma comunidade doente, porque, na ausência da alegria, o que resta é o vazio. Ou melhor: o divertimento. E, no fim das contas, teremos uma boa comunidade divertida, mas mundana, doente de mundanidade, porque lhe falta a alegria de Jesus Cristo. E um dos efeitos da mundanidade, entre outros, é falar mal dos outros. Portanto, quando a Igreja é medrosa e não recebe a alegria do Espírito Santo, a Igreja adoece, as comunidades adoecem, os fiéis adoecem.

Na oração, pedimos ao Senhor a graça de nos elevar para Cristo sentado à direita do Pai. A contemplação de Cristo sentado à direita do Pai nos dará a coragem e a alegria, tirará de nós o medo e também nos ajudará a não cair numa vida superficial e divertida.

Homilia na Capela da Casa Santa Marta, 15 de maio de 2015

Hino à alegria

Pedro escreve: "Louvado seja o Pai de nosso Senhor Jesus Cristo, que em sua imensa misericórdia nos fez renascer, nos recriou, mediante a ressurreição de Jesus Cristo dos mortos, para uma esperança viva, uma herança que não se corrompe, não se mancha e não apodrece;

ela é preservada nos céus para vós, que pelo poder de Deus sois protegidos mediante a fé, em vista da salvação que há de ser revelada nos últimos tempos" (1Pd 1,3-5).

São palavras em que se percebe a admiração diante da grandeza de Deus, diante do renascimento que o Senhor – em Jesus Cristo e por Jesus Cristo – operou em nós. E é uma admiração repleta de júbilo, de alegria; logo depois, no texto da carta, encontramos a palavra-chave: "Por isso exultais de alegria".

A alegria de que fala o apóstolo é duradoura. Por esse motivo, ele acrescenta que, embora por algum tempo sejamos obrigados a nos ver afligidos pelas provações, aquela alegria do início não nos será retirada. De fato, ela nasce daquilo que Deus operou em nós: nos regenerou em Cristo e nos deu uma esperança.

Uma esperança – que os primeiros cristãos representavam como uma âncora no céu – que é também a nossa. Dali provém a alegria. E, efetivamente, ao concluir sua mensagem, Pedro faz um convite a todos: "Portanto, exultais com alegria inefável e repleta de glória".

Homilia na Capela da Casa Santa Marta, 23 de maio de 2016

O dom da admiração

Apenas com a força de Deus, com a força do Espírito Santo, podemos viver a alegria cristã, a admiração da alegria, e nos salvar de viver apegados a outras coisas, às coisas mundanas.

Por isso pedimos hoje ao Senhor que nos dê a admiração diante dele, diante das inúmeras riquezas espirituais que nos concedeu; e com esta admiração nos dê a alegria, a alegria da nossa vida e de viver as muitas dificuldades com paz no coração, protegendo-nos de buscar a felicidade em tantas coisas que no final nos entristecem: prometem muito, mas nada nos darão!

Não se esqueçam: os cristãos são homens e mulheres de alegria, de alegria no Senhor; homens e mulheres repletos de admiração.

Homilia na Capela da Casa Santa Marta, 23 de maio de 2016

A fonte da alegria

A fonte da nossa alegria está naquele "desejo inesgotável de oferecer misericórdia, fruto de ter experimentado a misericórdia infinita do Pai e sua força difusiva" (*Evangelii gaudium*, 24). Ide a todos para anunciar ungindo e ungir anunciando. A isso o Senhor nos convida hoje e nos diz:

– o cristão experimenta a alegria na missão: ide aos povos de todas as nações;

– o cristão experimenta a alegria num convite: ide e anunciai;

– o cristão renova e atualiza a alegria com um chamado: ide e ungi.

Jesus vos envia a todas as nações. A todos os povos. E neste "todos" de dois mil anos atrás também nós estávamos incluídos. Jesus não nos dá uma lista seletiva dos incluídos e dos excluídos, dos que são dignos ou não de receber a sua mensagem, a sua presença. Ao contrário, sempre abraçou a vida da maneira como ela se apresentava. Com seu semblante de dor, fome, doença, pecado. Com seu semblante de ferimentos, de sede, de cansaço. Com seu semblante de dúvidas e de piedade.

Longe de esperar uma vida enfeitada, decorada, maquiada, abraçou-a do modo como vinha ao seu encontro. Mesmo que fosse uma vida que muitas vezes se mostrava arruinada, suja, destruída. A todos, disse Jesus, ide a todos e anunciai; a toda esta vida, do jeito que ela é e não como gostaríamos que fosse: ide e abraçai em meu nome. Ide às encruzilhadas das estradas, ide... para anunciar sem medo, sem preconceitos, sem superioridade, sem purismos, a todos aqueles que perderam a alegria de viver, ide para anunciar o abraço misericordioso do Pai.

Ide até aqueles que vivem com o peso do sofrimento, do fracasso, de sentir uma vida destroçada, e anunciai a loucura de um Pai que procura ungi-los com o óleo da esperança, da salvação. Ide e anunciai que os erros, as ilusões enganosas, as incompreensões não têm a última palavra na vida de uma pessoa. Ide com o óleo que cura as feridas e restaura o coração.

Homilia, 23 de setembro de 2015

A alegria de evangelizar

A comunidade evangelizadora está sempre atenta aos frutos, porque o Senhor a quer fecunda. Cuida do trigo e não perde a paz por causa do joio. Ao descobrir o joio no meio do trigo, o semeador não se queixa nem se inquieta. Encontra um jeito de fazer com que a Palavra se encarne numa situação concreta e dê frutos de vida nova, mesmo que aparentemente tais frutos sejam imperfeitos ou incompletos.

O discípulo sabe oferecer a vida inteira e entregá-la até o martírio como testemunho de Jesus Cristo, mas seu sonho não é fazer inimigos, e sim que a Palavra seja aceita e manifeste sua força libertadora e renovadora.

Por fim, a comunidade evangelizadora jubilosa sempre sabe "festejar". Celebra e festeja cada pequena vitória, cada passo à frente na evangelização. Na exigência cotidiana de fazer o bem avançar, a evangelização jubilosa se transforma em beleza na Liturgia.

A Igreja evangeliza e se evangeliza com a beleza da Liturgia, que é também celebração da atividade evangelizadora e fonte de um renovado impulso para se doar.

Evangelii gaudium, 24

Amanhã a alegria!

Temos de admitir: nem toda a vida cristã é uma festa. Nem toda! Choramos, quantas vezes choramos! São muitas as situações difíceis da vida: por exemplo, quando estamos doentes, quando temos um problema na família, com os filhos, com a filha, a mulher, o marido. Quando vemos que o salário não chega ao fim do mês e temos um filho doente e nos damos conta de que não podemos pagar a prestação da casa e somos obrigados a nos mudar. São tantos os nossos problemas. E, no entanto, Jesus nos diz: não temei!

Há também outra tristeza: a que sentimos quando enveredamos por um caminho que não é bom. Ou quando, para dizê-lo com poucas palavras, compramos, vamos comprar a felicidade, a alegria do mundo, a do pecado, e no final ficamos com um vazio dentro de nós, com a tristeza. E essa é precisamente a tristeza da má alegria.

Mas, se o Senhor não esconde a tristeza, Ele também não nos deixa apenas com essa palavra. Continua e nos diz: "Mas, se fordes fiéis, vossa tristeza se transformará em alegria".

A alegria cristã é uma alegria em esperança que chega, mas no momento da provação não conseguimos vê-la. De fato, é uma alegria que vem purificada pelas provações, até mesmo pelas provações de todos os dias.

O Senhor diz: "Vossa tristeza se transformará em alegria". Um tema difícil de ser compreendido!

É o que percebemos, por exemplo, quando visitamos uma pessoa doente, que está sofrendo muito, e lhe dizemos: "Coragem, coragem, amanhã você terá alegria!" Trata-se de fazer a pessoa que sofre ouvir essas palavras como Jesus as fez ouvir.

É um ato de fé no Senhor e o é também para nós, precisamente quando estamos na escuridão e não enxergamos nada. Um ato que nos leva a dizer: "Eu sei, Senhor, que esta tristeza se transformará em alegria. Não sei como, mas sei!"

Homilia na Capela da Casa Santa Marta, 30 de maio de 2014

A semente da alegria

A Igreja celebra o momento em que o Senhor se foi e deixou os discípulos sozinhos. Naquele momento, alguns deles talvez tenham sentido medo. Mas havia em todos a esperança, a esperança de que aquele medo, aquela tristeza, se transformariam em alegria.

E para nos demonstrar isso, o Senhor toma o exemplo da mulher que dá à luz: realmente, a mulher sofre muito no parto, mas depois, ao segurar o bebê nos braços, se esquece de todo o sofrimento. E o que fica é a alegria, a alegria de Jesus: uma alegria purificada no fogo das provações, das perseguições, de tudo aquilo que devemos fazer para ser fiéis. Essa é a única alegria que permanece, uma alegria oculta em alguns momentos da vida, que não sentimos nos maus momentos, mas que vem depois. É, precisamente, uma alegria em esperança.

Por isso a mensagem da Igreja hoje é: não devemos ter medo; precisamos ser corajosos no sofrimento e pensar que depois vem o Senhor, vem a alegria, depois da escuridão vem o sol.

A paz é o sinal que temos desta alegria na esperança. Os testemunhos desta paz na alma são, especialmente, tantos doentes no fim da vida, com seus sofrimentos. Porque a paz é justamente a semente da alegria, é a alegria em esperança.

De fato, se nossa alma está em paz no momento da escuridão, no momento das dificuldades e das perseguições, quando todos se alegram com nosso sofrimento, é o sinal claro de que temos em nós a semente daquela alegria que virá depois.

Homilia na Capela da Casa Santa Marta, 30 de maio de 2014

Com o coração exultante

No trecho do Evangelho de João (16,20-23) o Senhor fala da passagem da tristeza à alegria, preparando os discípulos para o momento da paixão: "Chorareis e gemereis, enquanto o mundo se alegrará. Vós estareis na tristeza; mas vossa tristeza se converterá em alegria".

Jesus sugere o exemplo da mulher no momento do parto, que sente muita dor, mas depois, quando a criança nasce, se esquece do sofrimento para dar lugar à alegria. "E ninguém poderá tirar vossa alegria", assegura em seguida o Senhor.

No entanto, a alegria cristã não é uma simples diversão, não é uma alegria passageira. Ao contrário, a alegria cristã é um dom do Espírito Santo: é ter o coração sempre exultante, porque o Senhor venceu, o Senhor reina, o Senhor está à direita do Pai, o Senhor olhou para mim e me enviou e me deu a sua graça e fez de mim filho do Pai. Eis o que realmente é a alegria cristã.

Homilia na Capela da Casa Santa Marta, 15 de maio de 2015

Da escravidão à liberdade

Durante o caminho da escravidão à liberdade, o Senhor dá aos israelitas a lei, para educá-los a amar a Ele, o único Senhor, e a amar-se uns aos outros como irmãos. A Escritura mostra que o êxodo é longo e atribulado: simbolicamente, dura quarenta anos, ou seja, o tempo de vida de uma geração. Uma geração que, diante das tribulações do caminho, sempre se viu tentada a sentir saudades do Egito e a voltar atrás.

Todos nós também conhecemos a tentação de voltar atrás, todos. Mas o Senhor permanece fiel, e aquelas pobres pessoas, guiadas por Moisés, chegam à Terra Prometida.

Todo esse caminho é realizado na esperança: a esperança de chegar à Terra, e precisamente nesse sentido é um "êxodo", uma saída da escravidão para a liberdade.

Para todos nós, os quarenta dias de Quaresma também são uma saída da escravidão, do pecado, para a liberdade, para o encontro com o Cristo Ressuscitado. Cada passo, cada esforço, cada provação, cada queda e cada recomeço, tudo isso só tem sentido no interior do plano de salvação de Deus, que deseja para seu povo a vida e não a morte, a alegria e não o sofrimento.

Audiência geral, 1º de março de 2017

O vírus da tristeza

Deus é fiel em nos amar, até obstinado. Será bom para nós pensar que Ele nos ama mais do que amamos a nós mesmos, que acredita em nós mais do que acreditamos em nós mesmos, que "sempre torce" por nós como o mais irredutível torcedor.

Espera-nos sempre com esperança, mesmo quando nos fechamos em nossas tristezas, remoendo continuamente as injustiças sofridas e o passado. Mas cultivar a tristeza não é digno da nossa estatura espiritual! Ao contrário, é um vírus que infecta e bloqueia tudo, que fecha todas as portas, que impede de reiniciar a vida, de recomeçar.

Deus, ao contrário, é obstinadamente esperançoso: nunca deixa de acreditar que podemos nos reerguer e não se conforma em nos ver desanimados e sem alegria. É triste ver um jovem sem alegria. Porque somos sempre os seus filhos amados.

Lembremo-nos disso no início de cada dia. Vamos nos sentir bem dizendo a cada manhã na oração: "Senhor, te agradeço porque me amas; tenho certeza de que me amas; leva-me a me apaixonar pela minha vida". Não por meus defeitos, que devem ser corrigidos, mas pela vida, que é um grande dom: é hora de amar e ser amados.

Homilia, 31 de julho de 2016

Alegria contagiante

Se permanecemos com Ele, sua alegria estará em nós. Não seremos discípulos tristes e apóstolos desanimados. Ao contrário, refletiremos e traremos a alegria verdadeira, aquela alegria plena que ninguém poderá tirar de nós; difundiremos a esperança de vida nova que Cristo nos deu.

O chamado de Deus não é um fardo pesado que nos rouba a alegria. É pesado? Às vezes sim, mas não nos rouba a alegria. Ao contrário, até por causa desse peso, nos dá a alegria.

Deus não nos quer mergulhados na tristeza – um dos espíritos maus que se apoderam da alma, como já denunciavam os monges do deserto; Deus não nos quer entregues ao cansaço. A tristeza e o cansaço provêm de atividades malvividas, sem uma espiritualidade que torne feliz a nossa vida e até os nossos cansaços.

Nossa alegria contagiante deve ser o primeiro testemunho da proximidade e do amor de Deus. Somos verdadeiros dispensadores da graça de Deus quando deixamos transparecer a alegria do encontro com Ele.

Discurso, 9 de setembro de 2017

A busca da felicidade

Caros jovens, a busca da felicidade é comum a todas as pessoas de todos os tempos e de todas as idades. Deus depositou no coração de cada homem e de cada mulher um desejo irreprimível de felicidade e de plenitude. Vocês não percebem que seus corações estão inquietos e em contínua busca de um bem capaz de saciar sua sede de infinito?

Quando o homem e a mulher cedem à tentação e rompem a relação de confiante comunhão com Deus, o pecado entra na história humana (cf. Gn 3).

A "bússola" interior que os guiava na busca da felicidade perde seu ponto de referência e os chamados do poder, da posse e da ânsia do prazer a qualquer preço os conduzem ao precipício da tristeza e da angústia.

Em Jesus, Deus assume uma face humana. Com sua encarnação, vida, morte e ressurreição, Ele nos redime do pecado e nos abre novos horizontes, até então impensáveis.

E assim, em Cristo, caros jovens, se encontra a plena realização de seus sonhos de bondade e felicidade. Só Ele pode satisfazer suas expectativas tantas vezes frustradas pelas falsas promessas mundanas.

Tenham a coragem de ser felizes!

Vocês, jovens, são ótimos exploradores! Se se dedicarem à descoberta do rico ensinamento da Igreja neste campo, descobrirão que o cristianismo não consiste numa série de proibições que sufocam nossos desejos de felicidade, mas num projeto de vida capaz de fascinar nossos corações!

Mensagem para a XXX Jornada Mundial da Juventude, 31 de janeiro de 2015

A alegria do amor

O relato do Evangelho da mulher pecadora (Lc 7,36; 8,3) apresenta uma situação específica de fraqueza. Ela é julgada e marginalizada, enquanto Jesus a acolhe e a defende: "Amou muito" (v. 47).

É essa a conclusão de Jesus, atento ao sofrimento e ao pranto daquela pessoa. Sua ternura é o sinal do amor que Deus reserva àqueles que sofrem e são excluídos.

Não existe apenas o sofrimento físico; hoje, uma das patologias mais frequentes é também a que afeta o espírito. É um sofrimento que envolve o espírito e o torna triste por ser desprovido de amor. A patologia da tristeza.

Ao experimentar a desilusão ou a traição nas relações importantes, sentimo-nos vulneráveis, fracos e indefesos. A tentação de nos fechar em nós mesmos se torna muito forte, e corremos o risco de perder a oportunidade da vida: amar, apesar de tudo. Amar, apesar de tudo!

Homilia, 12 de junho de 2016

Feliz anúncio

"O Espírito do Senhor está sobre mim;/ porque Ele me consagrou com o óleo,/ para levar o feliz anúncio aos pobres;/ enviou-me para proclamar aos prisioneiros a libertação/ e aos cegos a recuperação da vista;/ dar liberdade aos oprimidos" (Lc 4,18).

O Senhor, ungido pelo Espírito, leva o feliz anúncio aos pobres. Tudo o que Jesus anuncia, e também nós, sacerdotes, anunciamos, é feliz anúncio. Jubiloso da alegria evangélica: de quem foi ungido nos seus pecados com o óleo do perdão e ungido no seu carisma com o óleo da missão, para ungir os outros.

E, assim como Jesus, o sacerdote torna jubiloso o anúncio com toda a sua pessoa. Quando prega a homilia – curta, se possível –, o faz com a alegria que toca o coração das pessoas mediante a Palavra com que o Senhor o tocou em sua oração. Como todo discípulo missionário, o sacerdote torna jubiloso o anúncio com todo o seu ser.

E, por outro lado, são precisamente os menores detalhes – todos já experimentamos isso – os que mais bem contêm e transmitem a alegria: o detalhe de quem dá um pequeno passo à frente e faz com que a misericórdia transborde nas terras de ninguém; o detalhe de quem se decide a concretizar e marca o dia e a hora do encontro; o detalhe de quem permite, com toda a disponibilidade, que usem o seu tempo...

O feliz anúncio pode parecer simplesmente outro modo de dizer "Evangelho", como "boa-nova", ou "boa notícia". No entanto, contém algo que resume em si todo o resto: a alegria do Evangelho. Resume tudo porque é jubiloso em si mesmo.

Que ninguém tente separar as três graças do Evangelho: a sua Verdade – não negociável –, a sua Misericórdia – incondicional com todos os pecadores – e a sua Alegria – íntima e inclusiva. Verdade, Misericórdia e Alegria: as três juntas.

Homilia, 13 de abril de 2017

Esposos na alegria e no sofrimento

Os cristãos se casam no sacramento porque têm consciência de que precisam dele! Precisam dele para estar unidos entre si e para cumprir a missão de pais. "Na alegria e no sofrimento, na saúde e na doença." Assim dizem os esposos no sacramento e em seu casamento rezam juntos e com a comunidade. Por quê? Por ser esse o costume? Não! Eles o fazem porque precisam dele para a longa viagem que devem fazer juntos: uma longa viagem que não é dividida em etapas, dura a vida inteira! E precisam da ajuda de Jesus para caminhar juntos com confiança, para aceitar um ao outro a cada dia, e perdoar-se todos os dias! E isso é importante!

Nas famílias é preciso saber perdoar uns aos outros, porque todos temos defeitos, todos! Às vezes fazemos coisas que não são boas e causam sofrimento aos outros. Precisamos ter a coragem de pedir desculpas quando erramos em família...

A família experimenta tantos momentos bonitos na vida: o descanso, as refeições compartilhadas, os passeios no parque ou no campo, as visitas aos avós, a uma pessoa doente... Mas, se falta o amor, falta a alegria, falta a festa, e o amor sempre nos é dado por Jesus: Ele é a fonte inesgotável. No sacramento, Ele nos dá a sua Palavra e nos dá o Pão da vida, para que nossa alegria seja completa.

Discurso, 26 de outubro de 2013

Alegremo-nos

A alegria cristã, assim como a esperança, tem seu fundamento na fidelidade de Deus, na certeza de que Ele sempre mantém as suas promessas. O Profeta Isaías exorta os que se perderam e estão desconsolados a confiar na fidelidade do Senhor, porque sua salvação não tardará a irromper na vida deles. Todos os que encontraram Jesus ao longo do caminho sentem no coração uma serenidade e uma alegria das quais nada nem ninguém poderá privá-los. Nossa alegria é Jesus Cristo, seu amor fiel inesgotável! Por isso, quando um cristão se torna triste, isso significa que se afastou de Jesus. Mas então não podemos deixá-lo sozinho! Devemos rezar por ele, e fazê-lo sentir o calor da comunidade.

Que a Virgem Maria nos ajude a apressar o passo para Belém, para encontrar o Menino que nasceu por nós, para a salvação e a alegria de todos os homens. O anjo disse a ela: "Alegra-te, cheia de graça! O Senhor está contigo" (Lc 1,28). Que ela nos conceda a graça de viver a alegria do Evangelho em família, no trabalho, na paróquia e em todos os ambientes. Uma alegria íntima, feita de admiração e de ternura. A mesma que uma mãe sente ao olhar seu bebê que acabou de nascer, e percebe que é um dom de Deus, um milagre que deve ser motivo de agradecimento!

Angelus, 15 de dezembro de 2013

Jovens à procura

Qual juventude é uma juventude satisfeita, sem uma busca de sentido? Os jovens que não buscam nada não são jovens, estão aposentados, envelheceram antes do tempo. É triste ver jovens aposentados... E Jesus, através de todo o Evangelho, em todos os encontros que tem ao longo do caminho, aparece como um "incendiário" de corações. Daí sua pergunta que procura despertar o desejo de vida e de felicidade que todo jovem traz dentro de si: "O que procuras?" Eu também gostaria de perguntar hoje aos jovens: "Você, que é jovem, o que procura? O que procura em seu coração?"

A vocação de João e de André nasce assim: é o início de uma amizade com Jesus tão forte que impõe uma comunidade de vida e de paixões com Ele. Os dois discípulos começam a ficar com Jesus e logo se transformam em missionários, porque, ao final do encontro, não voltam para casa tranquilos: tanto é verdade que seus respectivos irmãos – Simão e Tiago – logo se juntam a eles no seguimento. Foram até eles e anunciaram: "Encontramos o Messias, encontramos um grande profeta". São missionários daquele encontro. Foi um encontro tão tocante, tão feliz, que os discípulos se lembrarão para sempre daquele dia que iluminou e orientou sua juventude.

Audiência geral, 30 de agosto de 2017

A alegria do encontro

Quando nos visita, o Senhor nos dá a alegria, ou seja, nos leva a um estado de consolação, nos leva a colher na alegria, nos dá consolação espiritual. Uma consolação que não acontece apenas naquele momento, mas é um estado na vida espiritual de todo cristão.

Primeiro precisamos estar abertos para a visita de Deus, porque o Senhor visita cada um de nós, procura cada um de nós e o encontra. Esse encontro pode ter momentos mais fracos e momentos mais fortes, mas o Senhor sempre nos fará sentir a sua presença, sempre, de uma maneira ou de outra.

Ao nos trazer a consolação espiritual, o Senhor nos enche de alegria, como aconteceu com os israelitas. Precisamos, portanto, esperar essa alegria, esperar essa visita, e não, como pensam muitos cristãos, esperar apenas o céu. O que você espera na terra? Não quer se encontrar com o Senhor? Não quer que o Senhor o visite na alma e lhe dê esta coisa linda da consolação, da felicidade da sua presença?

Assim, a pergunta seguinte é: "Como se espera a consolação?" A resposta é: "Com aquela virtude humilde, a mais humilde de todas: a esperança. Eu espero que o Senhor me visitará com sua consolação". Precisamos pedir ao Senhor que se faça ver, que se faça encontrar.

A verdadeira consolação eleva a alma para as coisas do céu, para as coisas de Deus, e também tranquiliza a alma na paz do Senhor. Não pode ser confundida com diversão. Não que a diversão seja algo ruim quando é boa. Afinal, somos humanos, precisamos de diversão; mas a consolação é outra coisa.

Homilia na Capela da Casa Santa Marta, 25 de setembro de 2017

Do sofrimento à esperança

Enquanto parece que o Senhor se afasta de nós, na verdade se ampliam os horizontes da esperança.

Mensagem pelo Dia Mundial das Comunicações Sociais de 2017, *24 de janeiro de 2017*

Alegria e esperança

Na liturgia da Ascensão do Senhor, a Igreja explode numa atitude que não é habitual, e a primeira oração começa com um grito: "Exulte, Senhor, a tua Igreja!" Sim, exulte, com a esperança de viver e de encontrar o Senhor.

Essa invocação expressa precisamente a alegria que invade toda a Igreja, alegria e esperança: ambas caminham juntas. De fato, uma alegria sem esperança é mera diversão, alegria passageira. E uma esperança sem alegria não é esperança, não vai além de um saudável otimismo.

A Igreja nos diz qual deve ser a atitude cristã: alegria e esperança juntas. E assim a alegria fortalece a esperança e a esperança floresce na alegria. E ambas, com esta atitude que a Igreja quer dar a elas, estas duas virtudes cristãs indicam um sair de nós mesmos: o jubiloso não se encerra em si mesmo; a esperança nos leva para lá, é precisamente a âncora que está na praia do céu e nos leva para fora. Por isso podemos sair de nós mesmos com a alegria e a esperança.

Alegria e esperança é o grito da Igreja, feliz depois da Ascensão do Senhor. Nos Atos, Lucas nos diz que, a certa altura, quando o Senhor vai embora e deixam de vê-lo, os discípulos ficaram olhando para o céu, um pouco entristecidos. E são os anjos que os despertam, convidando-os a ir. E depois, no Evangelho de Lucas, lemos: "Voltaram felizes, cheios de alegria". Precisamente aquela alegria de saber que nossa humanidade entrou no céu: pela primeira vez!

Que o Senhor nos dê a graça de uma alegria grande que seja a expressão da esperança; e uma esperança forte que se torne alegria em nossa vida. Que o Senhor conserve esta alegria e esta esperança, pois assim ninguém poderá tirá-las de nós.

Homilia na Capela da Casa Santa Marta, 6 de maio de 2016

Sementes de vida

São Pedro afirma que "é melhor sofrer fazendo o bem a sofrer praticando o mal" (1Pd 3,17): isso não significa que é bom sofrer, mas que, quando sofremos pelo bem, estamos em comunhão com o Senhor, que aceitou sofrer e ser crucificado para a nossa salvação.

Assim, quando também nós, nas situações mais banais e mais significativas de nossa vida, aceitamos sofrer pelo bem, é como se espalhássemos ao nosso redor sementes de ressurreição, sementes de vida, e fizéssemos a luz da Páscoa resplandecer na escuridão.

É por isso que o apóstolo nos exorta a responder sempre "desejando o bem" (v. 9): a bênção não é uma formalidade, não é apenas um sinal de cortesia, mas é um grande dom que nós primeiramente recebemos e que temos a possibilidade de compartilhar com os irmãos. É o anúncio do amor de Deus, um amor desmedido, que não se esgota, que nunca desaparece e que constitui o verdadeiro fundamento da nossa esperança.

Audiência geral, 5 de abril de 2017

A alegria de Abraão

Lemos no Evangelho de João: "Abraão, vosso pai, alegrou-se intensamente na esperança de ver o meu dia. Ele o viu e ficou repleto de alegria" (8,56).

Na época da qual fala a leitura, Abraão tinha 99 anos, e o Senhor lhe apareceu e garantiu a aliança com estas palavras: "Eis minha aliança contigo: serás pai".

Abraão tinha um filho de 12 ou 13 anos: Ismael, mas Deus lhe garante que se tornará pai de uma multidão de nações. E muda o nome dele. A seguir, pede-lhe para ser fiel à aliança (cf. Gn 17,3-9).

Certamente Abraão ficou feliz com isso e estava repleto de consolação diante da promessa do Senhor: "Dentro de um ano terás outro filho". É verdade que, ao ouvir aquelas palavras, Abraão riu, como a Bíblia diz em seguida: mas como, aos cem anos vou ter um filho? Sim, ele tinha gerado Ismael com 87 anos, mas aos 100 anos um filho é demais, não conseguia entender! Por isso riu. Mas precisamente aquele sorriso, aquele riso, foi o início da alegria de Abraão.

Eis, então, o sentido das palavras de Jesus: "Abraão, vosso pai, alegrou-se intensamente na esperança".

Para Abraão, portanto, a alegria era plena. Mas, um pouco depois, também sua mulher Sara riu: estava meio escondida, atrás das cortinas da entrada, ouvindo o que os homens diziam. E quando esses enviados de Deus deram a Abraão a notícia sobre o filho, ela também riu.

É precisamente esse o início da grande alegria de Abraão. Sim, a grande alegria: exultou na esperança de ver esse dia; o viu e se encheu de alegria.

Olhemos este belo ícone: Abraão diante de Deus, prostrado com o rosto no chão: ouviu esta promessa e abriu o coração para a esperança, enchendo-se de alegria.

Homilia na Capela da Casa Santa Marta, 26 de março de 2015

O caminho da esperança

A Quaresma vive desta dinâmica: Cristo nos precede com seu êxodo, e nós atravessamos o deserto graças a Ele e atrás dele. Ele é tentado por nós, e derrotou o Tentador por nós, mas nós também devemos, com Ele, enfrentar as tentações e superá-las. Ele nos doa a água viva do seu Espírito, e cabe a nós ir até sua fonte e beber, nos sacramentos, na oração, na adoração; Ele é a luz que vence as trevas, e cabe a nós alimentar a pequena chama que nos foi confiada no dia do nosso Batismo.

Neste sentido, a Quaresma é "sinal sacramental da nossa conversão" (*Missal Romano*); quem segue o caminho da Quaresma está sempre no caminho da conversão. A Quaresma é sinal sacramental do nosso caminho da escravidão para a liberdade, constantemente renovado. Um caminho certamente difícil, como é justo que seja, porque o amor é sempre difícil, mas um caminho repleto de esperança. Aliás, eu diria mais: o êxodo quaresmal é o caminho em que a própria esperança se forma.

O esforço de atravessar o deserto – todas as provações, as tentações, as ilusões, as miragens... –, tudo isso serve para forjar uma esperança forte, sólida, com base na esperança da Virgem Maria, que em meio às trevas da paixão e da morte de seu Filho continuou a acreditar e a esperar na sua ressurreição, na vitória do amor de Deus.

Audiência geral, 1º de março de 2017

Além do sofrimento

O Senhor nos diz que haverá problemas e que, na vida, a alegria e a esperança não são um carnaval: são também o dever de enfrentar as dificuldades.

No momento do parto, a mulher sofre porque chegou a sua hora; mas, depois de dar à luz a criança, já não se lembra do sofrimento.

E é precisamente isso que a alegria e a esperança fazem juntas, em nossa vida, quando passamos por tribulações, quando temos problemas, quando sofremos. Certamente não se trata de uma anestesia: o sofrimento é sofrimento, mas, vivido com alegria e esperança, nos abre a porta para a alegria de um fruto novo.

Essa imagem do Senhor deve nos ajudar muito nas dificuldades, até nas piores, tão grandes a ponto de nos fazer duvidar da nossa fé. Mas com a alegria e a esperança seguimos em frente, porque depois dessa tempestade vem um homem novo, como a mulher ao dar à luz. E Jesus nos diz que essa alegria e essa esperança são duradouras, não passam.

"Também vós sofreis agora" são as palavras de Jesus aos discípulos transmitidas pelo Evangelho (Jo 16,22). Mas Ele logo os tranquiliza: "Mas eu vos tornarei a ver e vosso coração se alegrará, e ninguém poderá tirar vossa alegria".

São palavras que devem ser sublinhadas: a alegria humana pode ser tirada por qualquer coisa, por qualquer dificuldade. Mas esta alegria que o Senhor nos dá, que nos faz exultar, que nos anima na esperança de encontrá-lo, esta alegria ninguém pode tirar, é duradoura. Até mesmo nos momentos mais obscuros.

Homilia na Capela da Casa Santa Marta, 6 de maio de 2016

Alegres na esperança

A expressão "Deus da esperança" não significa apenas que Deus é o objeto da nossa esperança, ou seja, Aquele que esperamos um dia alcançar na vida eterna; significa também que Deus é Aquele que já neste momento nos faz esperar, ou melhor, nos torna "alegres na esperança" (Rm 12,12): alegres agora por esperar, e não apenas esperar para ser alegres. É a alegria de esperar, e não esperar para ter alegria, já hoje.

"Enquanto houver vida, haverá esperança", diz um ditado popular; e o contrário também é verdade: enquanto houver esperança, haverá vida. Os homens precisam de esperança para viver e precisam do Espírito Santo para ter esperança.

São Paulo atribui ao Espírito Santo a capacidade de nos fazer até "transbordar de esperança". Transbordar de esperança significa não desanimar nunca; significa esperar "contra toda esperança" (Rm 4,18), ou seja, esperar mesmo quando falta qualquer motivo humano para esperar, como aconteceu com Abraão quando Deus lhe pediu que lhe sacrificasse seu único filho, Isaac, e como sucedeu, ainda mais, com a Virgem Maria aos pés da cruz de Jesus.

O Espírito Santo torna possível esta esperança invencível dando-nos o testemunho interior de que somos filhos de Deus e seus herdeiros (cf. Rm 8,16). Como poderia Aquele que nos deu seu único Filho não nos dar também com Ele qualquer outra coisa? (cf. Rm 8,32).

"A esperança – irmãos e irmãs – não decepciona: a esperança não engana porque o amor de Deus foi derramado em nossos corações por meio do Espírito Santo que nos foi dado" (Rm 5,5). Por isso não decepciona, porque dentro de nós temos o Espírito Santo que nos impele a seguir adiante, sempre! E por isso a esperança não decepciona.

Audiência geral, 31 de maio de 2017

Semeadores de esperança

O Espírito Santo não nos torna apenas capazes de esperar, mas também de ser semeadores de esperança, de sermos também nós – como Ele e graças a Ele – "paráclitos", ou seja, consoladores e defensores dos irmãos, semeadores de esperança. Um cristão pode semear amarguras, pode semear dúvidas, e isso não é cristão, e quem faz isso não é um bom cristão. Semeiem esperança: semeiem óleo de esperança, semeiem perfume de esperança e não vinagre de amargura e de des-esperança.

O beato Cardeal Newman, num de seus discursos, dizia aos fiéis: "Instruídos por nosso próprio sofrimento, por nossa própria dor, ou melhor, por nossos próprios pecados, teremos a mente e o coração treinados para qualquer obra de amor para com aqueles que precisam dela. Seremos, segundo nossas capacidades, consoladores à imagem do Paráclito – isto é, do Espírito

Santo –, e em todos os sentidos que essa palavra comporta: advogados, assistentes, portadores de conforto. As nossas palavras e os nossos conselhos, o nosso modo de fazer, a nossa voz, o nosso olhar, serão gentis e tranquilizadores" (*Parochial and Plain Sermons*).

E são sobretudo os pobres, os excluídos, os não amados que necessitam de alguém que seja para eles "paráclito", isto é, consolador e defensor, como o Espírito Santo faz com cada um de nós.

Nós devemos fazer o mesmo com os mais necessitados, com os mais marginalizados, com aqueles que mais precisam, aqueles que sofrem mais. Defensores e consoladores!

Audiência geral, 31 de maio de 2017

Abramo-nos para o Senhor

Por mais pesado que seja o passado, por maior que seja o pecado ou a vergonha, nunca fechemos nossa porta para o Senhor. Tiremos de sua frente aquela pedra que o impede de entrar: este é o tempo favorável para remover o nosso pecado, o nosso apego às vaidades mundanas, o orgulho que bloqueia nossa alma, tantas inimizades entre nós, nas famílias... Este é o momento propício para remover todas essas coisas.

Visitados e libertos por Jesus, peçamos a graça de ser testemunhos de vida neste mundo que está sedento dele, testemunhos que suscitam e ressuscitam a esperança de Deus nos corações cansados e sobrecarregados pela tristeza.

Nosso anúncio é a alegria do Senhor vivo, que ainda hoje diz, como disse a Ezequiel: "Eis que abro vossos sepulcros e vos faço ressurgir de vossos túmulos, ó povo meu" (Ez 37,12).

Homilia, 2 de abril de 2017

Da cruz à esperança

As esperanças terrenas desmoronam diante da cruz, mas nascem novas esperanças, as que duram para sempre. A esperança que nasce da cruz é uma esperança diferente. É uma esperança diferente das que desmoronam, das esperanças do mundo. Mas de qual esperança se trata? Qual esperança nasce da cruz?

Jesus trouxe ao mundo uma esperança nova e o fez como semente: se fez muito pequeno, como um grão de trigo; deixou a sua glória celeste para vir entre nós: caiu na terra. Mas ainda não era o bastante.

Para dar fruto, Jesus viveu o amor até o fim, deixando-se despedaçar pela morte como uma semente se deixa romper debaixo da terra. Precisamente ali, no ponto extremo de seu abaixamento – que é também o ponto mais elevado do amor – brotou a esperança.

Se algum de vocês perguntar: "Como nasce a esperança?" "Da cruz. Olhe para a cruz, veja o Cristo Crucificado e dali lhe chegará a esperança que nunca desaparece, a esperança que dura até a vida eterna."

E essa esperança brotou precisamente pela força do amor: porque o amor que "tudo espera, tudo suporta" (1Cor 13,7), o amor que é a vida de Deus, renovou tudo o que alcançou. Assim, na Páscoa, Jesus transformou, assumindo-o sobre si, nosso pecado em perdão. Mas ouçam bem como é a transformação realizada pela Páscoa: Jesus transformou nosso pecado em perdão, nossa morte em ressurreição, nosso medo em confiança. Eis por que ali, na cruz, nasceu e renasce sempre a nossa esperança; eis por que com Jesus toda a nossa escuridão pode ser transformada em luz, todas as nossas derrotas em vitórias, toda desilusão em esperança.

A esperança supera tudo, porque nasce do amor de Jesus que se fez como o grão de trigo na terra e morreu para dar vida, e daquela vida repleta de amor vem a esperança.

Audiência geral, 12 de abril de 2017

A boa notícia

Esta boa notícia que é o próprio Jesus não é boa por ser desprovida de sofrimento, mas porque até o sofrimento é vivido num quadro mais amplo, como parte integrante de seu amor pelo Pai e pela humanidade.

Em Cristo, Deus se tornou solidário com toda situação humana, revelando-nos que não estamos sozinhos, pois temos um pai que jamais pode se esquecer de seus filhos. "Não tenhas medo, porque estou contigo" (Is 43,5): é a palavra consoladora de um Deus que desde sempre se envolve na história de seu povo.

No seu Filho amado, esta promessa de Deus – "estou contigo" – chega a assumir toda a nossa fraqueza até morrer da nossa morte. Nele, até as trevas e a morte se tornam lugar de comunhão com a Luz e a Vida. Nasce assim uma esperança, acessível a todos, precisamente no lugar em que a vida conhece a amargura do fracasso.

Trata-se de uma esperança que não decepciona, porque o amor de Deus foi derramado em nossos corações (cf. Rm 5,5) e faz brotar a vida nova como a planta cresce da semente caída na terra.

Visto sob essa luz, cada novo drama que acontece na história do mundo também se torna cenário de uma possível boa notícia, uma vez que o amor sempre consegue encontrar o caminho da proximidade e suscitar corações capazes de se comover, rostos capazes de não se abater, mãos prontas para construir.

Mensagem para o Dia Mundial das Comunicações 2017, 24 de janeiro de 2017

Deus conosco

A esperança não decepciona. O otimismo decepciona, a esperança não! Precisamos tanto dela, nestes tempos que parecem obscuros, em que às vezes nos sentimos perdidos diante do mal e da violência que nos cercam, diante do sofrimento de tantos de nossos irmãos.

Precisamos da esperança! Sentimo-nos perdidos e até um pouco desalentados, porque nos consideramos impotentes e temos a impressão de que esta escuridão não vai acabar nunca.

Mas não podemos deixar que a esperança nos abandone, porque Deus, com seu amor, caminha conosco. "Eu espero, porque Deus está ao meu lado": todos nós podemos dizer isso.

Cada um de nós pode dizer: "Eu espero, tenho esperança, porque Deus caminha comigo". Caminha e me leva pela mão. Deus não nos deixa sós. O Senhor Jesus venceu o mal e nos abriu o caminho da vida.

Audiência geral, 7 de dezembro de 2016

A esperança dos mártires

No Evangelho, quando Jesus envia os discípulos em missão, não os ilude com miragens de sucesso fácil; ao contrário, adverte-os claramente de que o anúncio do Reino de Deus sempre implica uma oposição. Desde logo, Jesus nos coloca diante desta realidade: em maior ou menor medida, a confissão da fé ocorre num clima de hostilidade.

Os cristãos são, portanto, homens e mulheres "contra a corrente". É normal: como o mundo é marcado pelo pecado, que se manifesta em várias formas de egoísmo e de injustiça, quem segue Cristo caminha na direção contrária. Não por espírito polêmico, mas por fidelidade à lógica do Reino de Deus, que é uma lógica de esperança, e se traduz no estilo de vida baseado nas indicações de Jesus.

Jesus nos diz: "Eu vos envio como ovelhas no meio de lobos" (Mt 10,16). Portanto, sem mandíbulas fortes, sem garras, sem armas. Ao contrário, o cristão deverá ser prudente, às vezes até astuto: estas são virtudes aceitas pela lógica evangélica. Mas a violência jamais. Para derrotar o mal não podemos compartilhar os métodos do mal.

A única força do cristão é o Evangelho. Nos tempos de dificuldade temos de acreditar que Jesus está diante de nós, e não deixa de acompanhar seus discípulos. No entanto, no meio do turbilhão, o cristão não deve perder a esperança, pensando que foi abandonado.

Essa fidelidade ao estilo de Jesus – que é um estilo de esperança – até a morte será chamada pelos primeiros cristãos com um nome muito bonito: "martírio", que significa "testemunho".

Os cristãos rejeitam a ideia de que os autores de atentados suicidas sejam chamados de "mártires": na morte deles não existe nada que possa se aproximar da atitude dos filhos de Deus.

Às vezes, lendo as histórias de tantos mártires de ontem e de hoje – que são mais numerosos do que os mártires dos primeiros tempos –, ficamos admirados com a coragem com que enfrentaram a provação. Essa coragem é sinal da grande esperança que os animava: a esperança convicta de que nada nem ninguém podia separá-los do amor de Deus que nos foi dado em Jesus Cristo (cf. Rm 8,38-39).

Audiência geral, 28 de junho de 2017

Cultivar os sonhos

Na vida há provações, há momentos em que temos de seguir em frente não obstante o frio e os ventos contrários, não obstante tantas amarguras. Mas os cristãos conhecem o caminho que leva àquele fogo sagrado que os acendeu de uma vez para sempre. Mas, por favor, cuidado: não nos deixemos levar por pessoas desiludidas e infelizes; não ouçamos quem recomenda cinicamente não cultivar esperanças na vida; não confiemos em quem elimina desde logo qualquer tipo de entusiasmo, alegando que nada vale o sacrifício de uma vida inteira; não escutemos os "velhos" de coração, que sufocam a euforia da juventude. Procuremos os velhos que têm os olhos brilhantes de esperança!

Ao contrário, cultivemos saudáveis utopias: Deus nos quer capazes de sonhar como Ele e com Ele, enquanto caminhamos bem atentos à realidade. Sonhar um mundo diferente. E, se um sonho se apaga, voltar a sonhá-lo de novo, buscando com esperança a memória das origens, as brasas que, talvez depois de uma vida não muito boa, estão escondidas sob as cinzas do primeiro encontro com Jesus.

Eis, portanto, uma dinâmica fundamental da vida cristã: lembrar-se de Jesus. Paulo dizia a seu discípulo: "Lembra-te de Jesus Cristo" (2Tm 2,8); este é o conselho do grande São Paulo: "Lembra-te de Jesus Cristo". Lembrar-se de Jesus, do fogo de amor com que um dia concebemos a nossa vida como um projeto de bem, e reavivar com esta chama a nossa esperança.

Audiência geral, 30 de agosto de 2017

Da desilusão à esperança

Nosso Deus não é um Deus intrometido. Embora já conheça o motivo da desilusão dos discípulos de Emaús, deixa-lhes tempo para poder investigar profundamente a amargura que tomou conta deles. Surge daí uma confissão que é um refrão da existência humana: "Nós esperávamos, mas... Nós esperávamos, mas..."

Quantas tristezas, quantas derrotas, quantos fracassos há na vida de cada pessoa! No fundo, todos nós somos um pouco como aqueles dois discípulos. Quantas vezes na vida esperamos, quantas vezes nos sentimos a um passo da felicidade, e depois caímos das nuvens, desiludidos. Mas Jesus caminha com todas as pessoas desalentadas que seguem cabisbaixas. E caminhando com elas, de maneira discreta, consegue lhes restituir a esperança.

A verdadeira esperança nunca custa pouco: passa sempre pelas derrotas. A esperança de quem não sofre talvez nem seja esperança. Deus não gosta de ser amado como se amaria um general que leva seu povo à vitória aniquilando no sangue os seus adversários. Nosso Deus é uma luz tênue que arde num dia de frio e de vento e, por mais que sua presença neste mundo pareça frágil, Ele escolheu o lugar que todos desdenhamos.

Em nossa vida, todos nós tivemos momentos difíceis, escuros; momentos nos quais caminhávamos, tristes, pensativos, sem horizontes, apenas com um muro à nossa frente. E Jesus está sempre ao nosso lado para nos dar a esperança, para aquecer nosso coração e dizer: "Continue, eu estou com você. Continue".

O segredo do caminho que leva a Emaús está todo aqui: mesmo através das aparências contrárias, nós continuamos a ser amados, e Deus nunca deixará de nos amar. Deus caminhará conosco sempre, sempre, até nos momentos mais dolorosos, até nos piores momentos, até nos momentos da derrota: ali está o Senhor. E esta é a nossa esperança.

Sigamos com esta esperança! Porque Ele está ao nosso lado e caminha conosco, sempre!

Audiência geral, 24 de maio de 2017

Novos céus e nova terra

O cristão não vive fora do mundo, sabe reconhecer na própria vida e naquilo que o cerca os sinais do mal, do egoísmo e do pecado. É solidário com quem sofre, com quem chora, com quem é marginalizado, com quem se sente desesperado... Mas, ao mesmo tempo, o cristão aprendeu a ler tudo isso com os olhos da Páscoa, com os olhos do Cristo Ressuscitado. E então sabe que estamos vivendo o tempo da espera, o tempo de um anseio que vai além do presente, o tempo do cumprimento.

Na esperança, sabemos que, com sua misericórdia, o Senhor quer curar definitivamente os corações feridos e humilhados e tudo o que o homem desvirtuou com sua impiedade, e que desse modo Ele recria um mundo novo e uma nova humanidade, finalmente reconciliados no seu amor.

Quantas vezes nós cristãos somos tentados pela desilusão, pelo pessimismo... Às vezes nos entregamos à lamentação inútil, ou então ficamos mudos, sem saber o que pedir, o que esperar...

Mais uma vez, porém, vem em nosso socorro o Espírito Santo, alento da nossa esperança, que mantém vivos o pulsar e a expectativa do nosso coração. O Espírito vê por nós além das aparências negativas do presente e nos revela já agora os novos céus e a nova terra que o Senhor está preparando para a humanidade.

Audiência geral, 22 de fevereiro de 2017

Mãe de esperança

Maria não foi embora. Ficou ali, fielmente presente, todas as vezes em que era preciso manter uma vela acesa num lugar de bruma e neblina. Nem mesmo ela conhecia o destino de ressurreição que, naquele instante, seu Filho estava abrindo para todos nós homens: ficou ali por fidelidade ao plano de Deus de que se proclamou serva no primeiro dia da sua vocação, mas também em virtude de seu instinto de mãe que simplesmente sofre, todas as vezes que um filho atravessa uma paixão. Os sofrimentos das mães: todos nós conhecemos mulheres fortes, que enfrentaram tantos sofrimentos dos filhos!

Voltaremos a encontrá-la no primeiro dia da Igreja, ela, mãe de esperança, no meio daquela comunidade de discípulos tão frágeis: um renegou, muitos fugiram, todos tiveram medo (cf. At 1,14). Mas ela simplesmente estava ali, da maneira mais normal, como se fosse algo inteiramente natural: na primeira Igreja envolta pela luz da Ressurreição, mas também pelos tremores dos primeiros passos que devia dar no mundo.

Audiência geral, 10 de maio de 2017

Do pranto ao consolo

Senhor, dá-nos a graça das lágrimas, para chorar os nossos pecados e receber teu perdão.

Twitter, *9 de abril de 2015*

Chorar de alegria

No episódio do Evangelho de João menciona-se a frase pronunciada por Maria Madalena ("Vi o Senhor!") depois de ter lavado com suas lágrimas os pés de Jesus, enxugando-os depois com os cabelos (cf. Jo 20,11-18). O Senhor perdoou os muitos pecados desta mulher porque "muito amou". Esta mulher, desprezada pelos que se consideravam justos, deve enfrentar a derrocada de todas as suas esperanças. Seu amor desapareceu, e ela chora. É o momento da escuridão.

No entanto, ela não diz: "Fracassei". É estranho, não? Simplesmente chora. Vejam, às vezes em nossa vida os óculos para ver Jesus são as lágrimas. Há um momento em nossa vida em que apenas as lágrimas nos preparam para ver Jesus.

E qual é a mensagem desta mulher? "Vi o Senhor." É um exemplo para o caminho da nossa vida. Em nossa vida, todos atravessamos momentos de alegria, de sofrimentos, de tristezas, todos passamos por essas coisas. Mas, e faço uma pergunta, choramos? Nos momentos mais escuros, choramos? Tivemos aquele dom das lágrimas que preparam os olhos para ver o Senhor?

Vendo esta mulher que chora, nós também podemos pedir ao Senhor a graça das lágrimas. É uma linda graça. Uma linda graça. Chorar é fruto de tudo: do bem, dos nossos pecados, das graças, até das alegrias; chorar de alegria! Aquela alegria que pedimos para ter no céu e que agora pregustamos. Chorar. O choro nos prepara para ver Jesus.

Que o Senhor dê a todos nós a graça de poder dizer com a nossa vida: "Vi o Senhor". "Por que, Ele lhe apareceu?" "Não, não sei; mas eu o vi, o vi no coração. E porque o vi, vivo desta maneira."

Este é o testemunho: "Vi o Senhor", lindo! E que todos nós possamos dar este testemunho: "Vivo assim porque vi o Senhor".

Homilia na Capela da Casa Santa Marta, 2 de abril de 2013

As razões do coração

Nos momentos de tristeza, no sofrimento da doença, na angústia da perseguição e na dor do luto, cada um de nós busca uma palavra de consolação. Sentimos fortemente a necessidade de ter por perto alguém que sinta compaixão de nós. Experimentamos o que significa estar desorientados, confusos, intimamente feridos como jamais poderíamos imaginar. Olhamos ao nosso redor hesitantes para ver se encontramos alguém capaz de realmente entender nosso sofrimento. A mente se enche de perguntas, mas as respostas não chegam.

A razão por si só não consegue explicar o que trazemos em nosso interior, apreender a dor que sentimos e dar a resposta que esperamos. Nesses momentos, precisamos mais das razões do coração, as únicas capazes de nos levar a compreender o mistério que cerca a nossa solidão.

Quanta tristeza percebemos em tantos rostos que encontramos! Quantas lágrimas são derramadas a cada instante no mundo; uma diferente da outra; e juntas formam como que um oceano de desolação, que clama por piedade, compaixão, consolação. As mais amargas são as provocadas pela maldade humana: as lágrimas de quem se viu privado violentamente de uma pessoa querida; lágrimas de avós, de mães e pais, de crianças...

Há olhos que permanecem fixados no ocaso e não conseguem ver o nascer de um novo dia. Precisamos de misericórdia, da consolação que vem do Senhor. Todos precisamos dela; é a nossa pobreza, mas é também a nossa grandeza: invocar a consolação de Deus que, com sua ternura, vem enxugar as lágrimas em nosso rosto.

Meditação, 9 de maio de 2016

Jesus chora

Não estamos sozinhos neste nosso sofrimento. Jesus também sabe o que significa chorar pela perda de uma pessoa amada. É uma das páginas mais comoventes do Evangelho: ao ver Maria chorar pela morte do irmão Lázaro, Jesus também não conseguiu conter as lágrimas.

Ficou profundamente comovido e se pôs a chorar (cf. Jo 11,33-35). Com essa descrição, o Evangelista João quer mostrar a participação de Jesus no sofrimento de seus amigos e a solidariedade na tribulação.

As lágrimas de Jesus desconcertaram muitos teólogos no decorrer dos séculos, mas sobretudo lavaram tantas almas, curaram tantas feridas. Jesus também experimentou em sua pessoa o medo do sofrimento e da morte, a desilusão e o mal-estar pela traição de Judas e de Pedro, a dor pela morte do amigo Lázaro. Jesus "não abandona aqueles que ama" (Agostinho).

Se Deus chorou, eu também posso chorar, sabendo que serei compreendido. O choro de Jesus é o antídoto contra a indiferença pelo sofrimento dos meus irmãos. Aquele choro ensina a assumir a dor dos outros, a me tornar partícipe das tribulações e do sofrimento dos que vivem nas situações mais dolorosas. Ele me sacode para me levar a perceber a tristeza e o desespero dos que se viram até subtraídos do corpo de seus entes queridos, e não têm nem mesmo um lugar onde possam encontrar consolação.

O pranto de Jesus não pode ficar sem resposta por parte de quem acredita nele. Como Ele consola, assim nós somos chamados a consolar.

Meditação, 5 de maio de 2016

A oração atendida

No trecho do Primeiro Livro de Samuel (1,9-20) são citados três protagonistas: Ana, o sacerdote Eli e o Senhor. A mulher, junto com a família e o marido, subia todos os anos ao templo para adorar a Deus. Ana era uma mulher devota e piedosa, cheia de fé, mas carregava uma cruz que a fazia sofrer muito: era estéril.

A descrição da oração fervorosa de Ana mostra como ela quase luta com o Senhor, prolongando sua súplica com espírito amargurado, chorando copiosamente. Uma oração que se resume num voto: "Senhor, se considerares a aflição de tua serva e te lembrares de mim, não te esquecendo de tua serva, a ponto de lhe concederes um filho homem, eu o consagrarei ao Senhor por todos os dias de sua vida". Com grande humildade, reconhecendo-se miserável e escrava, ela fez o voto de oferecer o filho.

Assim, Ana apostou tudo para chegar ao que queria: sua insistência é evidente e é notada até pelo idoso sacerdote Eli, que estava observando o movimento de seus lábios. A imagem proposta pela Escritura é intensa, porque reflete a coragem de uma mulher de fé que, com seu sofrimento, com suas lágrimas, pede ao Senhor a graça.

Na Igreja há tantas mulheres igualmente corajosas, que vão rezar como se fosse um desafio.

Eli não era mau, mas era um pobre homem; tinha esmorecido, perdera a devoção. Vendo Ana mover os lábios, angustiada, pensa: "Mas esta mulher bebeu demais!"

Ana confia sua dor e sua angústia ao Senhor e nesse ponto nos lembra Cristo: de fato, Jesus conheceu esta oração no Horto das Oliveiras, quando sentiu tanta angústia e tanta dor que chegou a suar sangue, e não recriminou o Pai: "Se queres, afasta de mim este cálice, mas seja feita a tua vontade". Ao contrário, Jesus também respondeu seguindo o mesmo caminho dessa mulher: a mansidão.

Às vezes nós rezamos, pedimos ao Senhor, mas muitas vezes não sabemos chegar precisamente àquela luta com o Senhor, às lágrimas, a pedir a graça.

Ana não apenas alcançou o milagre de ter um filho depois de um ano, mas também conseguiu o milagre de despertar um pouco a alma adormecida daquele sacerdote.

Homilia na Capela da Casa Santa Marta, 12 de janeiro de 2016

O conforto da oração

No momento do desânimo, da comoção e do pranto, brota no coração de Cristo a oração ao Pai. A oração é o verdadeiro remédio para nosso sofrimento. Também nós, na oração, podemos sentir a presença de Deus ao nosso lado. A ternura do seu olhar nos consola, a força da sua palavra nos sustenta, infundindo esperança.

Junto ao túmulo de Lázaro, Jesus rezou, dizendo: "Pai, eu te dou graças porque me ouviste. Bem sabia que sempre me ouves" (Jo 11,41-42).

Precisamos desta certeza: o Pai nos ouve e vem em nosso auxílio. O amor de Deus infundido em nossos corações permite dizer que, quando se ama, nada nem ninguém poderá nos separar das pessoas que amamos. O Apóstolo Paulo relembra com palavras de grande consolação: "Quem nos separará do amor de Cristo? O sofrimento, a aflição, a perseguição, a fome, a nudez, o perigo, a espada? [...] Mas de tudo isso somos mais que vencedores graças Àquele que nos tem amado. Estou convencido de que nem a morte, nem a vida, nem os anjos, nem os poderes, nem as coisas presentes ou futuras, nem as forças, nem a altitude, nem a profundeza, nem outra criatura qualquer poderá nos separar do amor que Deus nos manifesta em Cristo Jesus, Senhor nosso" (Rm 8,35.37-39).

A força do amor transforma o sofrimento na certeza da vitória de Cristo e da nossa vitória com Ele, e na esperança de que um dia estaremos novamente juntos e contemplaremos para sempre a face da Trindade Santíssima, eterna fonte da vida e do amor.

Perto de cada cruz está sempre a Mãe de Jesus. Com seu manto, ela enxuga nossas lágrimas. Com sua mão, nos ajuda a levantar e nos acompanha no caminho da esperança.

Meditação, 5 de maio de 2016

O pranto de um pai

No santuário de Luján, em Buenos Aires, havia uma família com uma filha de nove anos, muito doente. Depois de semanas de tratamento, não conseguira se livrar daquela doença, tinha piorado, e os médicos, por volta das seis da tarde, disseram aos pais que lhe restavam poucas horas de vida. Então, o pai, um homem humilde, um trabalhador, saiu do hospital e foi ao santuário de Nossa Senhora, em Luján, setenta quilômetros longe dali. Ao chegar lá por volta das dez da noite, estava tudo fechado, e ele se agarrou à grade da porta e rezou a Nossa Senhora, insistindo na oração. E ali ficou até as cinco da manhã.

Aquele homem rezava, chorava por sua filha, lutava com Deus por intercessão de Nossa Senhora por sua filha. Depois voltou, chegou ao hospital por volta das sete ou das oito da manhã, foi procurar sua mulher e, ao vê-la chorar, este senhor pensou que a menina tinha morrido, mas sua esposa dizia: "Não entendo, não entendo... Os médicos vieram e nos disseram que não entendem o que aconteceu". E a criança voltou para casa.

A oração faz milagres. Além disso, a oração dos fiéis muda a Igreja: não somos nós, os papas, os bispos, os sacerdotes, as freiras, que levamos adiante a Igreja, são os santos! São os santos que têm a coragem de acreditar que Deus é o Senhor e que pode fazer tudo.

Invoquemos o Pai para que nos dê a graça da confiança na oração, de rezar com coragem e também de despertar a devoção, quando a perdemos, e seguir em frente com o povo de Deus ao encontro com Ele.

Homilia na Capela da Casa Santa Marta, 12 de janeiro de 2016

Lágrimas de Deus

Hoje Deus continua a chorar – com lágrimas de pai e de mãe – diante das calamidades, das guerras provocadas para adorar o deus dinheiro, de tantos inocentes mortos pelas bombas, de uma humanidade que parece não querer a paz. Deus se fez homem precisamente para chorar com e por seus filhos.

Na passagem do Evangelho de Lucas (13,31-35) Jesus faz um verdadeiro resumo daquilo que deverá acontecer. Na prática, o Senhor diz o que acontecerá, se prepara para morrer.

Mas depois Ele muda o tom e olha para o seu povo, a cidade de Jerusalém. E seu coração começa a falar com ternura: "Jerusalém, quantas vezes quis reunir teus filhos, como a galinha a sua ninhada sob suas asas!" Eis a ternura de Deus, a ternura de Jesus. Naquele dia, Ele chorou sobre Jerusalém. Este é o pranto de um pai que chora, é Deus Pai quem chora aqui na pessoa de Jesus.

Alguém disse que Deus se fez homem para poder chorar o que seus filhos tinham feito. O que Lucas relata é o pranto do Pai.

O pai do filho pródigo, quando o caçula lhe pediu o dinheiro da herança e foi embora, não procurou seus vizinhos para dizer: "Vejam o que me aconteceu, o que este desgraçado me fez, eu amaldiçoo este filho!" Não, ele não fez isso. Ao contrário, tenho certeza de que aquele pai foi chorar sozinho.

É verdade, o Evangelho não revela esse detalhe, mas conta que, quando o filho voltou, viu o pai de longe: isso significa que o pai subia continuamente ao terraço para olhar o caminho e ver se o filho voltava. E um pai que faz isso é um pai que vive no pranto, esperando a volta do filho. Precisamente esse é o pranto de Deus Pai; e com esse pranto o Pai recria em seu Filho toda a criação.

E assim também hoje o Pai chora, também hoje diz: "Jerusalém, Jerusalém, o que estão fazendo, meus filhos?" E o diz às pobres vítimas e também aos traficantes de armas e a todos os que vendem a vida das pessoas.

Será bom para nós pensar que nosso Pai hoje chora: chora por esta humanidade que não consegue compreender a paz que Ele nos oferece, a paz do amor.

Homilia na Capela da Casa Santa Marta, 27 de outubro de 2016

Enxugar as lágrimas

Como nos relata o Livro do Gênesis, Raquel, a esposa de Jacó, morreu ao dar à luz seu segundo filho, Benjamin.

O Profeta Jeremias refere-se a Raquel dirigindo-se aos israelitas no exílio para consolá-los com palavras repletas de emoção e de poesia; ou seja, toma o pranto de Raquel, mas dá esperança.

Jeremias apresenta esta mulher numa realidade de dor e de pranto, mas ao mesmo tempo com uma perspectiva de vida impensada. Raquel, que morrera ao dar à luz e assumira aquela morte para que o filho pudesse viver, agora, ao contrário, é representada pelo profeta estando viva em Ramá, ali onde se reuniam os deportados, e chora pelos filhos que em certo sentido morreram a caminho do exílio; filhos que desapareceram para sempre.

E por isso Raquel não quer ser consolada. Esta rejeição expressa a profundidade da sua dor e a amargura de seu pranto. Diante da tragédia da perda dos filhos, uma mãe não pode aceitar palavras ou gestos de consolação, que são sempre inadequados, nunca capazes de aliviar a dor de uma ferida que não pode e não quer ser cicatrizada. Uma dor proporcional ao amor.

Qualquer mãe sabe de tudo isso; e são tantas, também hoje, as mães que choram, que não se conformam com a perda de um filho, inconsoláveis diante de uma morte impossível de aceitar. Raquel encerra em si a dor de todas as mães do mundo, de todos os tempos, e as lágrimas de todo ser humano que chora perdas irreparáveis.

Essa recusa de Raquel que não quer ser consolada nos ensina também quanta delicadeza temos de ter diante da dor alheia. Para falar de esperança a quem está desesperado é preciso compartilhar o seu desespero; para enxugar uma lágrima do rosto de quem sofre é preciso unir ao seu pranto o nosso.

Só assim as nossas palavras podem ser realmente capazes de dar um pouco de esperança. E, se não posso dizer palavras assim, com o pranto, com a dor, é melhor ficar em silêncio; um carinho, um gesto, sem palavras.

Audiência geral, 4 de janeiro de 2017

Palavra de consolação

Muitas vezes, em nossa vida, as lágrimas semeiam esperança, são sementes de esperança.

O texto do massacre dos inocentes nos põe diante da tragédia do assassinato de seres humanos indefesos, do horror do poder que despreza e suprime a vida. As crianças de Belém morreram por causa de Jesus. E Ele, por sua vez, Cordeiro inocente, depois viria a morrer por todos nós. O Filho de Deus entrou na dor dos homens. Não podemos nos esquecer disso.

Quando alguém se dirige a mim e me faz perguntas difíceis, como, por exemplo: "Diga-me, Padre: por que as crianças sofrem?", eu realmente não sei o que responder. Digo apenas: "Olhe para o Crucificado: Deus nos deu seu Filho, Ele sofreu, e talvez ali você encontrará uma resposta".

Mas não existem respostas prontas. Apenas olhando para o amor de Deus que dá seu Filho, que oferece sua vida por nós, podemos vislumbrar algum caminho de consolação.

E por isso dizemos que o Filho de Deus entrou na dor dos homens; compartilhou e aceitou a morte; sua Palavra é definitivamente palavra de consolação, porque nasce do pranto.

E na cruz será Ele, o Filho agonizante, que dará uma nova fecundidade a sua mãe, confiando-lhe o discípulo João e tornando-a mãe do povo dos fiéis.

Também as lágrimas de Maria, como as de Raquel, geraram esperança e nova vida.

Audiência geral, 4 de janeiro de 2017

O verdadeiro sorriso

O exílio foi um momento dramático na história de Israel, quando o povo perdeu tudo. O povo perdeu a pátria, a liberdade, a dignidade, e até mesmo a confiança em Deus. Sentiu-se abandonado e sem esperança.

E, então, o apelo do profeta reabre o coração para a fé. O deserto é um lugar em que é difícil viver, porém precisamente ali agora será possível caminhar para voltar não apenas para a pátria, mas para Deus, e voltar a ter esperança e a sorrir.

Quando estamos no escuro, nas dificuldades, o sorriso desaparece, e é precisamente a esperança que nos ensina a sorrir para encontrar o caminho que leva a Deus.

Uma das primeiras coisas que acontecem com as pessoas que se afastam de Deus é que deixam de sorrir. Talvez sejam capazes de gargalhar, de rir sem parar, de fazer piada, de dar risada... mas falta o sorriso! Só a esperança suscita o sorriso: é o sorriso da esperança de encontrar Deus.

Audiência geral, 7 de dezembro de 2016

Lágrimas de piedade

Tentem pensar nos rostos das crianças apavoradas pela guerra, no choro das mães, nos sonhos interrompidos de tantos jovens, nos refugiados que enfrentam viagens terríveis e muitas vezes são explorados... Infelizmente, a vida também é isso. Às vezes poderíamos dizer que é sobretudo isso.

Talvez. Mas existe um Pai que chora conosco; há um Pai que chora lágrimas de infinita piedade por seus filhos. Nós temos um Pai que sabe chorar, que chora conosco. Um Pai que nos espera para nos consolar, porque conhece nossos sofrimentos e preparou um futuro diferente para nós. Esta é a grande visão da esperança cristã, que se expande ao longo de todos os dias da nossa existência, e quer nos consolar.

Deus não desejou nossas vidas por engano, obrigando a si mesmo e a nós a duras noites de angústia. Ao contrário, Ele nos criou porque deseja que sejamos felizes. É o nosso Pai, e se nós aqui, agora, vivemos uma vida que não é a que Ele quis para nós, Jesus nos garante que o próprio Deus está realizando o seu resgate. Ele trabalha para nos resgatar.

Audiência geral, 23 de agosto de 2017

Da morte à vida

*Jesus Cristo ressuscitou! O amor venceu o ódio,
a vida venceu a morte, a luz expulsou as trevas!*

Twitter, *26 de março de 2016*

A derrota da morte

A morte é como um buraco negro que se abre na vida das famílias e que não conseguimos explicar. E às vezes chega-se até a pôr a culpa em Deus. Mas quantas pessoas – eu as entendo – ficam com raiva de Deus e blasfemam: "Por que me tirou meu filho, minha filha? Não há nenhum Deus, Deus não existe! Por que fez isto?" Ouvimos isso muitas vezes. Mas essa raiva é um pouco o que vem do âmago de uma grande dor; a perda de um filho ou de uma filha, do pai ou da mãe, é uma grande dor. Isso acontece continuamente nas famílias.

Mas a morte física tem "cúmplices" que chegam a ser piores que ela, e que se chamam ódio, inveja, soberba, avareza; em suma, o pecado do mundo que trabalha para a morte e a torna ainda mais dolorosa e injusta. Os afetos familiares parecem as vítimas predestinadas e indefesas dessas forças auxiliares da morte, que acompanham a história do homem.

Pensemos na absoluta "normalidade" com a qual, em certos momentos e em certos lugares, os acontecimentos que acrescentam horror à morte são provocados pelo ódio e pela indiferença de outros seres humanos. O Senhor nos livre de nos acostumarmos a isso!

No povo de Deus, com a graça da sua compaixão conferida em Jesus, muitas famílias demonstram com fatos que a morte não tem a última palavra: este é um verdadeiro ato de fé. Todas as vezes que a família em luto – até terrível – encontra forças para conservar a fé e o amor que nos unem aos que amamos, ela impede desde já que a morte leve tudo consigo.

A escuridão da morte deve ser enfrentada com um trabalho de amor mais intenso. Na luz da Ressurreição do Senhor, que não abandona nenhum dos que o Pai lhe confiou, podemos tirar da morte o seu "aguilhão", como dizia o Apóstolo Paulo (1Cor 15,55); podemos impedi-la de envenenar nossa vida, de tornar inúteis os nossos afetos, de nos fazer cair no mais obscuro vazio.

Nesta fé, podemos nos consolar uns aos outros, sabendo que o Senhor venceu a morte de uma vez por todas. Nossos entes queridos não desapareceram na escuridão do nada: a esperança nos garante que eles estão nas mãos bondosas e fortes de Deus.

Audiência geral, 17 de junho de 2015

A morte na família

A morte é uma experiência que afeta todas as famílias, sem exceção. Faz parte da vida; no entanto, quando envolve os afetos familiares, a morte nunca consegue nos parecer natural. Para os pais, sobreviver aos próprios filhos é algo particularmente devastador, que contradiz a natureza elementar das relações que dão sentido à própria família. Diante da perda de um filho ou de uma filha, é como se o tempo parasse: abre-se um abismo que engole o passado e também o futuro. A morte, que leva o filho pequeno ou jovem, é uma bofetada nas promessas, nos dons e sacrifícios de amor alegremente depositados na vida que fizemos nascer.

Muitas vezes vêm à missa em Santa Marta pais com a foto de um filho, de uma filha, criança, jovem, e me dizem: "Ele se foi, ela se foi". E o olhar carrega tanto sofrimento.

A morte toca e quando é a morte de um filho toca profundamente. Toda a família permanece como que paralisada, emudecida. E algo de semelhante sofre também a criança que fica sozinha, pela perda de um dos pais, ou de ambos. Aquela pergunta: "Mas onde está meu pai? Onde está minha mãe?" "Está no céu." "Mas por que não o vejo?" Essa pergunta esconde uma angústia no coração da criança que fica sozinha. O vazio do abandono que se abre dentro dela é muito mais angustiante porque ela nem sequer tem a experiência suficiente para dar um nome ao que aconteceu. O que responder quando a criança sofre? Assim é a morte em família.

Audiência geral, 17 de junho de 2015

A força do amor

O amor é mais forte que a morte. Por isso o caminho consiste em fazer o amor aumentar, torná-lo mais sólido, e o amor nos protegerá até o dia em que todas as lágrimas serão enxugadas, quando "não haverá mais morte, nem luto, nem grito, nem dor" (Ap 21,4).

Se nos deixamos amparar por essa fé, a experiência do luto pode gerar uma solidariedade mais forte dos vínculos familiares, uma nova abertura para o sofrimento das outras famílias, uma nova fraternidade com as famílias que nascem e renascem na esperança. Nascer e renascer na esperança, é isso que a fé nos dá. Mas eu gostaria de ressaltar a frase do Evangelho depois que Jesus restitui a vida ao filho cuja mãe era viúva: "E Jesus o entregou a sua mãe" (cf. Lc 7,11-15).

E esta é a nossa esperança! O Senhor nos restituirá todos os nossos entes queridos que já se foram e nós nos encontraremos com eles. Esta esperança não desilude! Recordemo-nos bem deste gesto de Jesus: "E Jesus o entregou a sua mãe", assim fará o Senhor com todos os nossos entes queridos na família!

Esta fé nos protege da visão niilista da morte, bem como das falsas consolações do mundo. Hoje é necessário que os pastores e todos os cristãos expressem de modo mais concreto o sentido da fé diante da experiência familiar do luto.

Não se deve negar o direito ao pranto – precisamos chorar no luto –, porque até Jesus "começou a chorar" e sentiu-se "intensamente comovido" pelo grande luto de uma família que amava (Jo 11,33-37). Ao contrário, podemos haurir do testemunho simples e forte de tantas famílias que, na dificílima passagem da morte, souberam vislumbrar também a segura passagem do Senhor, crucificado e ressuscitado, com sua irrevogável promessa de ressurreição dos mortos.

A obra do amor de Deus é mais forte do que a obra da morte. É desse amor, é precisamente desse amor, que temos de nos tornar "cúmplices" laboriosos, com a nossa fé!

E lembremo-nos do gesto de Jesus: "E Jesus o entregou a sua mãe"; assim fará Ele com todos os nossos entes queridos e conosco quando nos encontrarmos, quando a morte será definitivamente derrotada em nós. Ela é derrotada pela cruz de Jesus. Jesus restituirá todos nós à família!

Audiência geral, 17 de junho de 2015

Novamente juntos

Todas as vezes que nos deparamos com nossa morte ou com a morte de uma pessoa querida, sentimos que nossa fé é posta à prova. Todas as nossas dúvidas e toda a nossa fragilidade se manifestam e nos perguntamos: "Mas será que realmente haverá vida depois da morte? Poderei ver e voltar a abraçar as pessoas que amei?"

Uma senhora me fez essa pergunta há alguns dias numa audiência, manifestando uma dúvida: "Encontrarei meus entes queridos?" No contexto atual, nós também precisamos retornar à raiz e aos fundamentos da nossa fé, de modo a tomar consciência de quanto Deus realizou por nós em Cristo Jesus e o que significa a nossa morte. Todos temos um pouco de medo dessa incerteza da morte. Lembro-me de um velhinho, um idoso, uma boa pessoa, que dizia: "Eu não tenho medo da morte. Tenho um pouco de medo de vê-la chegar".

Paulo, diante dos temores e das hesitações da comunidade, convida a manter firme na cabeça, como um elmo, sobretudo nas provações e nos momentos mais difíceis da nossa vida, a esperança da salvação. É um elmo. Eis em que consiste a esperança cristã.

Assim é a esperança cristã: ter a certeza de que estou no caminho para algo que existe, não para algo que desejo que exista. Essa é a esperança cristã. A esperança cristã é a espera de algo que já se realizou e que certamente se realizará para cada um de nós.

Audiência geral, 1º de fevereiro de 2017

A certeza da ressurreição

A nossa ressurreição e a dos nossos amados que já morreram não é algo que poderá acontecer ou não, mas é uma realidade certa, pois reside no evento da ressurreição de Cristo. Esperar, portanto, significa aprender a viver na expectativa. Aprender a viver na expectativa e encontrar a vida. Quando uma mulher percebe que está grávida, aprende a viver cada dia na expectativa de ver o rosto daquela criança que virá.

Assim também nós temos de viver e aprender dessas expectativas humanas e viver na expectativa de ver o Senhor, de encontrar o Senhor. Isso não é fácil, mas pode ser aprendido: viver na expectativa. Esperar significa e implica um coração humilde, um coração pobre. Só um pobre sabe esperar. Quem já está pleno de si e dos seus bens não sabe colocar a própria confiança em ninguém além de si mesmo.

São Paulo escreve: "Ele [Jesus] morreu por nós, para que, vivos ou mortos, vivamos unidos a Ele" (1Ts 5,10). Essas palavras são sempre motivo de grande consolação e de paz. Assim, somos chamados a rezar também pelas pessoas amadas que nos deixaram, para que vivam em Cristo e estejam em plena comunhão conosco.

Algo que me toca profundamente o coração é uma expressão de São Paulo, também dirigida aos tessalonicenses. Ela me enche da certeza da esperança. Diz assim: "E estaremos para sempre com o Senhor" (1Ts 4,17). Uma coisa boa: tudo passa, mas depois da morte estaremos para sempre com o Senhor. É a certeza total da esperança, a mesma certeza que, muito tempo antes, levou Jó a exclamar: "E eu sei que meu Redentor vive [...]. Eu mesmo verei, meus olhos olharão, e não um outro" (Jó 19,25.27). E assim estaremos para sempre com o Senhor.

Vocês acreditam nisso? Pergunto-lhes: acreditam nisso? Para ter um pouco de força, convido-os a repetir três vezes comigo: "E estaremos para sempre com o Senhor". E lá, com o Senhor, nos encontraremos.

Audiência geral, 1º de fevereiro de 2017

A ajuda de Deus

Quando Deus envia Jonas para pregar em Nínive, o profeta tenta subtrair-se à sua tarefa e foge.

Durante sua fuga, Jonas entra em contato com alguns pagãos, os marinheiros do navio em que embarcara para se afastar de Deus e da sua missão.

Durante a travessia do mar, desencadeia-se uma violenta tempestade; Jonas desce ao porão do navio e cai no sono. Os marinheiros, ao contrário, vendo-se perdidos, "puseram-se a gritar cada qual por seu deus": eram pagãos (Jn 1,5). O capitão do navio acorda Jonas e lhe diz: "Por que estás aí a dormir? Levanta-te e grita pelo teu Deus! Pode ser que Deus se lembre de nós e que não pereçamos" (Jn 1,6).

A reação desses "pagãos" é a reação correta diante da morte, diante do perigo; porque é então que o homem experimenta completamente a própria fragilidade e a própria necessidade de salvação. O instintivo pavor de morrer demonstra a necessidade de esperar no Deus da vida. "Pode ser que Deus se lembre de nós e que não pereçamos": são as palavras da esperança que se transforma em oração, aquela súplica repleta de angústia que sai dos lábios do homem ao se deparar com um iminente perigo de morte.

Demasiado facilmente deixamos de nos dirigir a Deus na necessidade, como se fosse apenas uma oração interessada e, portanto, imperfeita. Mas Deus conhece a nossa fragilidade, sabe que nos lembramos dele para pedir ajuda e, com o sorriso indulgente de um pai, responde com bondade.

A iminência da morte impeliu aqueles homens pagãos à oração, fez com que o profeta, não obstante tudo, vivesse a própria vocação ao serviço dos outros, aceitando sacrificar-se por eles, e agora leva os sobreviventes ao reconhecimento do verdadeiro Senhor e ao louvor.

A esperança que os levara a rezar para não morrer se mostra ainda mais poderosa e concretiza uma realidade que vai além até mesmo do que eles esperavam: não apenas não perecem na tempestade, mas se abrem para o reconhecimento do verdadeiro e único Senhor do céu e da terra.

Audiência, 18 de janeiro de 2017

Retirem a pedra!

Em meio à desolação geral pela morte de Lázaro, Jesus não se deixa levar pelo desalento. Embora também estivesse sofrendo, Ele pede que se creia firmemente; não se fecha no pranto, mas, comovido, põe-se a caminho do sepulcro. Não se deixa dominar pelo ambiente emotivo e resignado que o cerca, mas reza com confiança e diz: "Pai, dou-te graças".

Assim, no mistério do sofrimento, diante do qual o pensamento e o progresso se chocam como moscas contra o vidro, Jesus nos oferece o exemplo de como devemos nos comportar: não foge do sofrimento, que faz parte desta vida, mas não se deixa aprisionar pelo pessimismo.

Ao redor daquele sepulcro, acontece assim um grande encontro-desencontro. De um lado, há a grande desilusão, a precariedade da nossa vida mortal, que, perpassada pela angústia diante da morte, não raro experimenta a derrota, uma escuridão interior que parece intransponível. Nossa alma, criada para a vida, sofre, sentindo que sua sede de eterno bem é oprimida por um mal antigo e obscuro. De um lado, há essa derrota do sepulcro.

Mas, de outro lado, há a esperança que vence a morte e o mal e que tem um nome: a esperança se chama Jesus. Ele não traz um pouco de bem-estar ou algum remédio para prolongar a vida, mas proclama: "Eu sou a ressurreição e a vida; todo aquele que crer em mim, mesmo se morrer, viverá". Por isso, diz decididamente: "Tirai a pedra!", e grita a Lázaro com voz forte: "Vem para fora!"

Caros irmãos e irmãs, nós também somos convidados a decidir de que lado ficar.

Podemos ficar do lado do sepulcro ou então do lado de Jesus.

Há os que se deixam fechar na tristeza e os que se abrem para a esperança. Há os que ficam presos à armadilha dos destroços da vida e os que, como vocês, com a ajuda de Deus, removem os destroços e reconstroem com paciente esperança.

Homilia, 2 de abril de 2017

Irmã morte

Os habitantes de Nínive, diante da perspectiva de ser destruídos, rezaram, impelidos pela esperança no perdão de Deus. Fizeram penitência, invocaram o Senhor e se converteram a Ele, a começar pelo rei que, como o capitão do navio, deu voz à esperança dizendo: "Quem sabe se Deus não se disporá a reconsiderar [...] para que não pereçamos?" (Jn 3,9).

Para eles, ter enfrentado a morte e conseguido se salvar dela levou-os à verdade. Assim, sob a misericórdia divina, e ainda mais à luz do mistério pascal, a morte pode se tornar, como foi para São Francisco de Assis, "nossa irmã morte" e representar, para cada homem e para cada um de nós, a surpreendente oportunidade de conhecer a esperança e de encontrar o Senhor.

Que o Senhor nos faça compreender este vínculo entre oração e esperança. A oração aumenta nossa esperança e, quando as coisas ficam obscuras, é preciso rezar mais! E haverá mais esperança.

Audiência geral, 18 de janeiro de 2017

Anunciar a vida

Eis o que a noite de Páscoa nos chama a anunciar: o bater do coração do Ressuscitado, Cristo vive! E foi o que mudou o passo de Maria Madalena e da outra Maria: é o que as leva a partir apressadamente e correr para dar a notícia (cf. Mt 28,8); é o que as faz retornar sobre seus passos e sobre seus olhares; voltam para a cidade para se encontrar com os outros.

Assim como entramos no sepulcro com elas, assim os convido a ir com elas, a voltar para a cidade, a retornar sobre nossos passos, sobre nossos olhares. Vamos com elas para anunciar a notícia, vamos... Em todos aqueles lugares onde parece que o sepulcro teve a última palavra e onde parece que a morte foi a única solução. Vamos para anunciar, para compartilhar, para revelar que é verdade: o Senhor está vivo. Está vivo e quer ressuscitar em tantos rostos que sepultaram a esperança, sepultaram os sonhos, sepultaram a dignidade. E se não conseguimos deixar que o Espírito nos conduza por esse caminho, então não somos cristãos.

Vamos e deixemo-nos surpreender por este alvorecer diferente, deixemo-nos surpreender pela novidade que só Cristo pode trazer. Deixemos que sua ternura e seu amor movam os nossos passos, deixemos que o palpitar de seu coração transforme o nosso débil palpitar.

Homilia, 15 de abril de 2017

A alegria de Maria Madalena

Os evangelhos nos descrevem a felicidade de Maria Madalena no sepulcro: a ressurreição de Jesus não é uma alegria dada a conta-gotas, mas uma cachoeira que arrebata toda a vida.

A existência cristã não é constituída por pequenas felicidades, mas por ondas que arrastam tudo consigo.

Tentem pensar também vocês, neste instante, com a bagagem de desilusões e derrotas que cada um de nós traz no coração, que existe um Deus perto de nós que nos chama pelo nome e nos diz: "Levante-se, deixe de chorar, porque eu vim para libertá-lo". Isso é muito bonito.

Jesus não é alguém que se adapta ao mundo, tolerando que nele perdurem a morte, a tristeza, o ódio, a destruição moral das pessoas... Nosso Deus não é inerte, mas nosso Deus – permito-me a palavra – é um sonhador: sonha com a transformação do mundo, e a realizou no mistério da Ressurreição.

Maria Madalena gostaria de abraçar o seu Senhor, mas Ele agora está voltado para o Pai celeste, enquanto ela é enviada para levar o anúncio aos irmãos. E assim aquela mulher, que antes de encontrar Jesus estava à mercê do maligno (cf. Lc 8,2), agora se tornou apóstola da nova e maior esperança.

Que sua intercessão nos ajude a viver também nós esta experiência: na hora do pranto, e na hora do abandono, ouvir Jesus Ressuscitado que nos chama pelo nome e, com o coração repleto de alegria, partir para anunciar: "Eu vi o Senhor!" (v. 18). Mudei de vida porque vi o Senhor! Agora sou diferente de antes, sou outra pessoa. Mudei porque vi o Senhor. Esta é a nossa força e esta é a nossa esperança.

Audiência geral, 17 de maio de 2017

Da derrota à alegria

Embora sejamos pecadores – todos nós o somos –, se nossos propósitos de bem ficaram no papel, ou então se, olhando para a nossa vida, percebemos que acumulamos tantos fracassos, na manhã de Páscoa podemos fazer como as pessoas de que nos fala o Evangelho: ir até o sepulcro de Cristo, ver a grande pedra removida e pensar que Deus está realizando para mim, para todos nós, um futuro inesperado. Ir até o nosso sepulcro: todos temos um pouco dele dentro de nós. Ir até ali, e ver como Deus é capaz de ressuscitar dali. Aqui há felicidade, aqui há alegria e vida, onde todos pensavam que houvesse apenas tristeza, derrota e trevas. Deus faz crescer as suas flores mais bonitas entre as pedras mais áridas.

Ser cristãos significa não partir da morte, mas do amor de Deus por nós, que derrotou sua inimiga mais implacável. Deus é maior que o nada, e basta apenas uma vela acesa para vencer a noite mais escura. Paulo grita, evocando os profetas: "Morte, onde está a tua vitória? Morte, onde está teu aguilhão?" (1Cor 15,55).

Audiência geral, 19 de abril de 2017

A alegria final

Jesus procurou atrair os soberbos com palavras de mansidão, dizendo: "Vem". E o diz para perdoar. Mas os soberbos se afastam, seguem o próprio caminho, e é o caminho da danação eterna: distantes para sempre do Deus que dá a felicidade, do Deus que nos ama tanto.

Na realidade, não sabemos se são muitos; sabemos apenas que esse é o caminho da danação eterna. O afastamento, portanto, é o fogo de não poder me aproximar de Deus porque não quero. É a atitude daqueles que todas as vezes que o Senhor se aproximava deles diziam: "Vá embora, porque eu me viro sozinho". E continuam a se virar sozinhos na eternidade: isso é trágico.

A passagem do Apocalipse termina assim: "E viu o céu, um céu novo e uma terra nova: de fato, o céu e a terra de antes tinham desaparecido. E viu também a cidade santa, a Jerusalém nova". Nestas palavras está precisamente o fim, a alegria final, em que todos seremos salvos se abrirmos o nosso coração para a salvação de Jesus. Na verdade, o Senhor só nos pede isto: abrir o coração.

Talvez alguns possam confidenciar e admitir: "Se o senhor soubesse as coisas que fiz, padre..." Mas Jesus sabe. Por isso, abra o seu coração e Ele perdoa; mas não vá por conta própria, não siga seu próprio caminho, deixe-se acariciar por Jesus, deixe-se perdoar. Basta apenas uma palavra, "Senhor", e Ele faz o resto, Ele faz tudo.

Ao contrário, os soberbos, os orgulhosos, seguem seu próprio caminho e não conseguem dizer uma palavra, a única palavra que dizem é: "Eu me viro sozinho". E assim acabam no orgulho e fazem tanto mal na vida. Mas, para eles, tudo começou precisamente ouvindo e seguindo as seduções da serpente antiga, do diabo, do mentiroso, do pai da mentira.

Homilia na Capela da Casa Santa Marta, 25 de novembro de 2016

Da solidão à comunhão

A Palavra de Deus rompe o silêncio da solidão.

Homilia, *12 de julho de 2015*

A ponte do diálogo

O diálogo permite que nos conheçamos e compreendamos nossas exigências recíprocas. Em primeiro lugar, ele é sinal de grande respeito, porque põe as pessoas em atitude de abertura recíproca, para receber os melhores aspectos do interlocutor. Além disso, o diálogo é expressão de caridade, porque, mesmo não ignorando as diferenças, pode ajudar a buscar e a compartilhar caminhos em vista do bem comum. Através do diálogo podemos aprender a ver o outro não como uma ameaça, mas como um dom de Deus, que nos interpela e nos pede para ser reconhecido.

Dialogar ajuda as pessoas a humanizar os relacionamentos e a superar as incompreensões. Se houvesse mais diálogo – mas diálogo de verdade! – nas famílias, nos ambientes de trabalho, na política, tantas questões seriam resolvidas mais facilmente! Quando não há diálogo, aumentam os problemas, aumentam os mal-entendidos e as divisões.

A condição do diálogo é a capacidade de escuta, que infelizmente não é muito comum. Ouvir o outro exige paciência e atenção. Só quem sabe ficar em silêncio sabe ouvir. Não é possível ouvir enquanto se está falando: boca fechada. Ouvir Deus, ouvir o irmão e a irmã que precisam de ajuda, ouvir um amigo, um familiar.

O próprio Deus é o exemplo mais excelente de escuta: todas as vezes que rezamos, Ele nos escuta, sem pedir nada, e até nos precede e toma a iniciativa de atender aos nossos pedidos de ajuda. A disposição para a escuta, da qual Deus é modelo, nos incentiva a derrubar os muros das incompreensões, a criar pontes de comunicação, superando o isolamento e o fechamento no nosso pequeno mundo.

Discurso, 11 de março de 2017

A solidão do pastor

Na segunda carta de São Paulo a Timóteo (4,10-17), Paulo está em Roma, preso numa casa, num quarto, com alguma liberdade, mas esperando não se sabe o quê. E naquele momento Paulo se sente só: é a solidão do pastor quando se depara com dificuldades, mas também a solidão do pastor quando seu fim está próximo: nu, sozinho e mendicante. E então o apóstolo escreve a Timóteo: "Procura a Marcos e traze-o contigo, porque poderá me ajudar no ministério. [...] Quando vieres, traze a minha capa [...] e também os livros". Portanto, Paulo está sozinho e mendicante: mendiga a Timóteo suas pequenas coisas porque lhe podem ser úteis.

Paulo está sozinho, mendicante, vítima de perseguição, e além disso diz aquela frase tão triste: "Todos me abandonaram". No tribunal ficou sem assistência e reconhece: "Apenas o Senhor Jesus esteve ao meu lado".

E assim a vida do grande Paulo termina na desolação: não no ressentimento e na amargura, mas com a desolação interior.

O fim de Paulo é conhecido: depois de quase dois anos, vivendo assim, na incerteza, neste trabalho de parto interno da Igreja, certa manhã chegam dois soldados, o prendem, o levam para fora e lhe cortam a cabeça.

O apóstolo, quando é fiel, não espera um fim diferente do fim de Jesus. Há até o desnudamento do apóstolo: é desnudado, deixado sem nada, porque foi fiel. E tem a mesma consciência de Paulo: "Apenas o Senhor esteve ao meu lado", porque o Senhor não o abandona e ali ele encontra a sua força.

Mas – é natural que nos perguntemos – como pode terminar dessa maneira um homem tão grande que viajou pelo mundo para pregar, que convenceu os apóstolos de que Jesus veio também para os gentios, que fez tanto bem, que lutou, sofreu, pregou, teve a mais elevada contemplação?

Contudo, esta é a lei do Evangelho: se o grão de trigo não morre, não dá fruto, porque esta é a lei que o próprio Jesus nos indicou com sua pessoa.

Com a certeza, porém, de que depois vem a ressurreição.

Homilia na Capela da Casa Santa Marta, 18 de outubro de 2016

Com o Senhor ao lado

Na cela, sozinho, angustiado, João Batista envia seus discípulos para perguntar a Jesus: "És tu ou temos de esperar outro?" E depois a excentricidade de uma bailarina e a vingança de uma adúltera cortam-lhe a cabeça: termina assim o grande João Batista, apontado por Jesus como o maior homem nascido de uma mulher.

E, ainda mais próximo de nós, pensamos na cela de Maximiliano Kolbe, que fez um movimento apostólico em todo o mundo e tantas coisas grandes: está naquela cela, com fome, esperando a morte no campo de concentração de Auschwitz.

Quando o pastor vive assim, não está amargurado: talvez se sinta desolado, mas tem aquela certeza de que o Senhor está ao lado dele. No entanto, quando em sua vida o pastor se ocupou de outras coisas que não sejam os fiéis – é, por exemplo, apegado ao poder, ao dinheiro, aos conluios, a tantas coisas –, no final não estará sozinho, talvez tenha a seu lado os sobrinhos, que esperam sua morte para ver o que podem levar consigo.

O pastor deve ter esta certeza: se ele segue o caminho de Jesus, o Senhor estará ao lado dele até o fim. Convido a rezar pelos pastores que estão no fim da vida e esperam que o Senhor os leve com Ele. Oremos para que o Senhor lhes dê a força, a consolação e a certeza de que, embora se sintam doentes e até sozinhos, o Senhor está com eles, perto deles: que o Senhor lhes dê a força.

Homilia na Capela da Casa Santa Marta, 18 de outubro de 2016

O olhar de Deus

Caros irmãos e irmãs, nunca estamos sós. Podemos estar longe, ser hostis, poderíamos até nos professar "sem Deus". Mas o Evangelho de Jesus Cristo nos revela que Deus não consegue ficar sem nós: Ele jamais será um Deus "sem o homem"; é Ele que nunca poderá ficar sem nós, e este é um grande mistério! Deus não pode ser Deus sem o homem: que grande mistério é este!

E essa certeza é a fonte da nossa esperança, que encontramos conservada em todas as invocações do pai-nosso. Quando precisamos de ajuda, Jesus não nos diz para nos resignarmos e nos fecharmos em nós mesmos, e sim para nos dirigirmos ao Pai, pedindo a Ele com confiança.

Todas as nossas necessidades, das mais evidentes e cotidianas, como o alimento, a saúde, o trabalho, até a de ser perdoados e amparados nas tentações, não são o espelho da nossa solidão: ao contrário, há um Pai que sempre olha para nós com amor, e que certamente não nos abandona.

Agora faço a vocês uma proposta: cada um de nós tem muitos problemas e muitas necessidades. Pensemos um pouco, em silêncio, nesses problemas e nessas necessidades. Pensemos também no Pai, em nosso Pai, que não pode estar sem nós, e que neste momento olha para nós. E todos juntos, com confiança e esperança, oremos: "Pai nosso, que estás no céu..."

Audiência geral, 7 de junho de 2017

O dom de um sorriso

A vida frequentemente é difícil, muitas vezes até trágica! Trabalhar é difícil; procurar trabalho é difícil. E encontrar um emprego hoje exige tanto esforço! Mas o que pesa mais na vida não é isso: o que pesa mais que todas essas coisas é a falta de amor. Pesa não receber um sorriso, não ser acolhidos. Pesam certos silêncios, às vezes até em família, entre marido e mulher, entre pais e filhos, entre irmãos. Sem amor, o esforço se torna mais pesado, insuportável.

Penso nos idosos sozinhos, nas famílias que se encontram em dificuldades porque não são ajudadas a prestar assistência a quem em casa necessita de atenções especiais e de cuidados. "Venham a mim todos os que estais cansados e oprimidos", diz Jesus.

Caras famílias, o Senhor conhece as nossas dificuldades: Ele as conhece! E conhece as tribulações da nossa vida. Mas o Senhor também conhece o nosso profundo desejo de encontrar a alegria do alívio! Vocês se lembram? Jesus disse: "Que vossa alegria seja completa" (Jo 15,11).

Jesus quer que nossa alegria seja completa! Ele disse isso aos apóstolos e diz o mesmo para nós hoje. Então, esta é a primeira coisa que quero compartilhar com vocês esta noite, e é uma palavra de Jesus: Vinde a mim, famílias do mundo inteiro – diz Jesus – e eu vos darei alívio, para que vossa alegria seja completa.

E levem esta Palavra de Jesus para casa, levem-na no coração, compartilhem-na em família. Ela nos convida a ir até Jesus para nos dar, para dar a todos a alegria.

Discurso, 26 de outubro de 2013

Deixemos Jesus entrar

Diante dos grandes "porquês" da vida, temos dois caminhos: ficar olhando melancolicamente para os sepulcros de ontem e de hoje, ou deixar que Jesus se aproxime dos nossos sepulcros. Sim, porque cada um de nós tem um pequeno sepulcro, alguma parte um pouco morta dentro do coração: uma mágoa, uma injustiça sofrida ou feita, um rancor que não dá trégua, um remorso que vai e volta, um pecado que não se consegue superar. Identifiquemos hoje esses pequenos sepulcros que temos dentro de nós e convidemos Jesus a entrar.

É estranho, mas muitas vezes preferimos ficar sozinhos nas cavernas escuras que temos em nosso interior ao invés de convidar Jesus a entrar nelas; somos tentados a buscar sempre a nós mesmos, remoendo e mergulhando na angústia, lambendo nossas feridas, ao invés de ir até Ele, que diz: "Vinde a mim vós que estais cansados e oprimidos, e eu vos aliviarei" (Mt 11,28).

Não nos deixemos aprisionar pela tentação de ficar sozinhos e desconfiados, lamentando-nos pelo que nos acontece; não cedamos à lógica inútil e ineficaz do medo, repetindo resignadamente que tudo vai mal e que nada mais é como antes. Esta é a atmosfera do sepulcro; ao contrário, o Senhor deseja abrir o caminho da vida, o caminho do encontro com Ele, da confiança nele, da ressurreição do coração, o caminho do "Levanta-te! Levanta-te e sai!" É isso que o Senhor quer de nós, e Ele está ao nosso lado para fazê-lo.

Homilia, 2 de abril de 2017

A amizade do Senhor

O que o Senhor nos dá? Ele nos dá sua amizade fiel, da qual jamais nos privará. É o amigo para sempre, o Senhor. Mesmo quando você o decepciona e se afasta dele, Jesus continua a amá-lo e a estar ao seu lado, a acreditar em você mais do que você acredita em si mesmo. Esta é a concretude do amor que Jesus nos ensina. E isso é tão importante!

Porque a principal ameaça, que impede de crescer bem, é quando ninguém se importa com você – isso é triste –, quando você sente que é deixado de lado. O Senhor, ao contrário, está sempre com você e está feliz por estar com você.

Como fez com seus jovens discípulos, olha você nos olhos e o chama para segui-lo, para "fazer-se ao largo" e "lançar as redes", confiando na palavra dele, ou seja, empregando todos os seus talentos na vida, juntamente com Ele, sem medo.

Jesus espera pacientemente por você, espera uma resposta, espera o seu "sim".

Homilia, 24 de abril de 2016

A redescoberta da fraternidade

Em muitas sociedades experimentamos uma profunda pobreza relacional devida à carência de sólidas relações familiares e comunitárias. Assistimos com preocupação ao aumento de diversos tipos de problemas, de marginalização, de solidão e de várias formas de dependência patológica.

Tal pobreza só pode ser superada pela redescoberta e pela valorização de relações fraternas no interior das famílias e das comunidades, pela partilha das alegrias e das dores, das dificuldades e dos êxitos que acompanham a vida das pessoas.

Além disso, se de um lado temos uma redução da pobreza absoluta, de outro lado não podemos deixar de reconhecer um grave aumento da pobreza relativa, ou seja, de desigualdades entre pessoas e grupos que convivem em determinada região ou em determinado contexto histórico-cultural.

Nesse sentido, são necessárias também políticas eficazes que promovam o princípio da fraternidade, garantindo às pessoas – iguais em sua dignidade e em seus direitos fundamentais – o acesso aos "capitais", aos serviços, aos recursos educacionais, sanitários, tecnológicos, para que cada um tenha a oportunidade de exprimir e de realizar o seu projeto de vida, e possa se desenvolver plenamente como pessoa.

A crise atual, mesmo com suas graves consequências para a vida das pessoas, pode ser também uma ocasião propícia para recuperar as virtudes da prudência, da temperança, da justiça e da fortaleza. Essas virtudes podem nos ajudar a superar os momentos difíceis e a redescobrir os vínculos fraternos que nos ligam uns aos outros, na confiança profunda de que o homem necessita e é capaz de algo mais em relação à maximização do próprio lucro individual. Tais virtudes são necessárias sobretudo para construir e manter uma sociedade à medida da dignidade humana.

Mensagem para o XLVII Dia Mundial da Paz, 1º de janeiro de 2014

Gratuidade

Nenhum de nós pode viver sem amor. E uma terrível escravidão em que podemos cair é a de considerar que o amor deve ser merecido. Talvez grande parte da angústia do homem contemporâneo seja decorrente disto: acreditar que, se não somos fortes, atraentes e bonitos, então ninguém nos dará atenção. Muitas pessoas hoje buscam uma visibilidade apenas para preencher um vazio interior: como se fôssemos pessoas eternamente necessitadas de confirmação.

Mas vocês conseguem imaginar um mundo onde todos mendigam motivos para atrair a atenção dos outros, ao passo que ninguém está disposto a amar gratuitamente outra pessoa? Imaginem um mundo assim: um mundo sem a gratuidade do amor! Parece um mundo humano, mas na realidade é um inferno. Muitos narcisismos do homem nascem de um sentimento de solidão e orfandade. Atrás de tantos comportamentos aparentemente inexplicáveis se esconde uma pergunta: é possível que eu não mereça ser chamado pelo nome, ou seja, ser amado? Porque o amor sempre chama pelo nome...

Não existem crianças más, assim como não existem adolescentes totalmente maldosos, mas existem pessoas infelizes. E o que poderá nos fazer felizes senão a experiência de um amor dado e recebido? A vida do ser humano é uma troca de olhares: alguém que, olhando para nós, nos arranca o primeiro sorriso, e nós que gratuitamente sorrimos para quem está encerrado na tristeza, e assim lhe abrimos uma saída. Troca de olhares: olhar nos olhos e assim abrir as portas do coração.

O primeiro passo que Deus dá em nossa direção é o de um amor antecipado e incondicional. Deus é o primeiro a amar. Deus não nos ama porque há em nós algum motivo que desperta o amor. Deus nos ama porque Ele mesmo é amor, e o amor tende por natureza a se difundir, a se doar. Deus nem sequer vincula sua benevolência à nossa conversão: quando muito, esta é uma consequência do amor de Deus. São Paulo o diz com perfeição: "Deus mostra seu amor para conosco pelo fato de Cristo ter morrido por nós, quando ainda éramos pecadores" (Rm 5,8). Quando ainda éramos pecadores. Um amor incondicional.

Audiência geral, 14 de junho de 2017

A força da união

Pergunto-me se a crise de confiança coletiva em Deus, que nos faz tão mal, nos faz adoecer de resignação à incredulidade e ao cinismo, não está também ligada à crise da aliança entre homem e mulher. De fato, a narrativa bíblica, com o grande afresco simbólico sobre o paraíso terrestre e o pecado original, nos diz precisamente que a comunhão com Deus se reflete na comunhão do casal humano e a perda da confiança no Pai celeste gera divisão e conflito entre homem e mulher.

Daí provém a grande responsabilidade da Igreja, de todos os crentes, e antes de tudo das famílias crentes, para redescobrir a beleza do desígnio criador que inscreve a imagem de Deus também na aliança entre o homem e a mulher. A terra fica repleta de harmonia e de confiança quando a aliança entre homem e mulher é vivida no bem. E se o homem e a mulher a buscam juntos entre si e com Deus, sem dúvida a encontram. Jesus nos encoraja explicitamente ao testemunho desta beleza que é a imagem de Deus.

Audiência geral, 15 de abril de 2015

Alegria pelos outros e com os outros

Deus está "cheio de alegria" (Lc 15,5): sua alegria nasce do perdão, da vida que ressurge, do filho que respira novamente o ar de casa. A alegria de Jesus Bom Pastor não é uma alegria por si mesmo, mas é uma alegria pelos outros e com os outros, a alegria verdadeira do amor.

Esta é também a alegria do sacerdote. Ele é transformado pela misericórdia que dá gratuitamente. Na oração, descobre a consolação de Deus e experimenta que nada é mais forte que seu amor. Por isso é interiormente sereno, e está feliz por ser um canal de misericórdia, por aproximar o homem do Coração de Deus. Para ele, a tristeza não é normal, mas apenas passageira; a dureza lhe é estranha, porque é pastor segundo o coração manso de Deus.

Homilia, 3 de junho de 2016

Da doença à cura

Se dizemos ao Senhor: "Sim, eu quero sarar. Sim, Senhor, ajude-me que desejo me levantar", saberemos como é a alegria da salvação.

Homilia na Capela da Casa Santa Marta, *28 de março de 2017*

Ao lado dos doentes

Na solicitude de Maria se reflete a ternura de Deus. E aquela mesma ternura se faz presente na vida de tantas pessoas que se encontram ao lado dos doentes e são capazes de perceber as necessidades deles, até as mais imperceptíveis, porque olham com olhos cheios de amor. Quantas vezes uma mãe à cabeceira do filho doente, ou um filho que cuida do pai idoso, ou um neto que acompanha o avô ou a avó, põem seus pedidos nas mãos de Nossa Senhora! A primeira coisa que pedimos para nossos entes queridos que sofrem por causa da doença é que recuperem a saúde; o próprio Jesus manifestou a presença do Reino de Deus precisamente pelas curas: "Ide relatar a João o que vedes: cegos recobram a vista e coxos andam; leprosos são curados e surdos ouvem; mortos ressuscitam" (Mt 11,4-5).

Mas o amor animado pela fé nos leva a pedir para eles algo maior que a saúde física: pedimos uma paz, uma serenidade da vida que sai do coração e que é dom de Deus, fruto do Espírito Santo que o Pai nunca nega aos que o pedem com confiança.

Podemos pedir a Jesus misericordioso, pela intercessão de Maria, sua Mãe e nossa, que conceda a todos nós essa disposição a serviço dos necessitados, e concretamente dos nossos irmãos e das nossas irmãs doentes. Às vezes esse serviço pode ser cansativo, pesado, mas temos certeza de que o Senhor não deixará de transformar nosso esforço humano em algo divino. Também nós podemos ser mãos, braços e coração que ajudam Deus a realizar seus prodígios, não raro ocultos.

Com a ajuda discreta a quem sofre, assim como na doença, colocamos em nossos ombros a cruz de cada dia e seguimos o Mestre (cf. Lc 9,23); e, ainda que o encontro com o sofrimento sempre seja um mistério, Jesus nos ajuda a desvendar o seu sentido.

Mensagem para o XXIV Dia Mundial do Doente, 15 de setembro de 2015

Da revolta à fé

A doença, sobretudo a grave, sempre põe a existência humana em crise e traz consigo questionamentos profundos. O primeiro momento às vezes pode ser de revolta: por que aconteceu justamente comigo? Podemos nos sentir desesperados, pensar que tudo está perdido, que agora nada tem sentido...

Nessas situações, a fé em Deus é, por um lado, posta à prova, mas ao mesmo tempo revela toda a sua potencialidade positiva. Não porque a fé faça desaparecer a doença, o sofrimento, ou as perguntas que daí derivam; mas porque oferece uma chave com a qual podemos descobrir o sentido mais profundo do que estamos vivendo; uma chave que nos ajuda a ver como a doença pode ser o caminho para chegar a uma proximidade mais estreita com Jesus, que caminha ao nosso lado, carregando a cruz. E essa chave nos é entregue pela Mãe, Maria, especialista nesse caminho.

Temos uma Mãe que tem os olhos vigilantes e bons, como seu Filho; o coração materno e repleto de misericórdia, como Ele, mãos que querem ajudar, como as mãos de Jesus, que partiam o pão para quem tinha fome, que tocavam os doentes e os curavam. Isso nos enche de confiança e nos torna abertos para a graça e a misericórdia de Cristo.

A intercessão de Maria nos faz experimentar a consolação pela qual o Apóstolo Paulo bendiz a Deus: "Bendito seja o Deus e Pai de nosso Senhor Jesus Cristo, o Pai das misericórdias e o Deus de toda consolação. Ele nos consola em todas as nossas aflições, para que nós possamos consolar os outros em qualquer provação, por meio daquela consolação que nós mesmos recebemos de Deus. Porque, assim como são abundantes os sofrimentos de Cristo em nós, assim também, graças a Cristo, é abundante a nossa consolação" (2Cor 1,3-5). Maria é a Mãe "consolada" que consola seus filhos.

Mensagem para a XXIV Jornada do Doente, 15 de setembro de 2015

Aceitar as limitações

Também a doença, o sofrimento e a morte estão inseridos em Cristo e nele encontram seu sentido último.

Na verdade, cedo ou tarde, todos somos chamados a nos confrontar, às vezes a nos chocar, com nossas próprias fragilidades e doenças, assim como com as dos outros. E quantos aspectos diferentes assumem essas experiências tão típica e dramaticamente humanas! Seja como for, elas tornam mais agudo e premente o questionamento sobre o sentido da existência. Nosso espírito pode ser invadido até por uma atitude cínica, como se tudo pudesse ser resolvido sofrendo ou contando apenas com as próprias forças.

Outras vezes, ao contrário, deposita-se toda a confiança nas descobertas da ciência, pensando que certamente em alguma parte do mundo existe um medicamento capaz de curar a doença. Infelizmente não é o que acontece e, mesmo que existisse, aquele remédio seria acessível para pouquíssimas pessoas.

A natureza humana, ferida pelo pecado, traz inscrita em si a realidade da limitação. Conhecemos a objeção que, sobretudo nestes tempos, se faz diante de uma existência marcada por fortes limitações físicas. Considera-se que uma pessoa doente ou com deficiências não pode ser feliz, por ser incapaz de realizar o estilo de vida imposto pela cultura do prazer e da diversão. Na época em que certo cuidado do corpo se tornou mito de massa e, portanto, negócio, o que é imperfeito deve ser ocultado, porque atenta contra a felicidade e a tranquilidade dos privilegiados e questiona o modelo dominante.

Melhor manter essas pessoas separadas, em algum "recinto" – talvez dourado – ou nas "reservas" do devocionismo e do assistencialismo, para que não atrapalhem o ritmo do falso bem-estar. Em alguns casos, chega-se a afirmar que é melhor se livrar delas o quanto antes, porque se tornam um peso econômico insustentável numa época de crise.

Mas, na realidade, que ilusão vive o homem de hoje quando fecha os olhos diante da doença e da deficiência! Ele não compreende o verdadeiro sentido da vida, que comporta também a aceitação do sofrimento e da limitação. O mundo não se torna melhor por ser composto apenas de pessoas aparentemente "perfeitas", para não dizer "maquiadas", mas quando aumentam a solidariedade entre os seres humanos, a aceitação recíproca e o respeito.

Homilia, 12 de junho de 2016

A terapia do sorriso

A felicidade que cada um deseja pode ser expressa de inúmeras maneiras e só pode ser obtida se somos capazes de amar. Esse é o caminho. É sempre uma questão de amor, não há outro caminho. O verdadeiro desafio é quem ama mais.

Quantas pessoas com deficiência e sofredoras se abrem novamente para a vida ao descobrir que são amadas! E quanto amor pode brotar de um coração, até mesmo por um único sorriso! A terapia do sorriso.

Então a própria fragilidade pode se tornar conforto e apoio para a nossa solidão. Jesus, na sua paixão, nos amou até o fim (cf. Jo 13,1): na cruz revelou o Amor que nos doa sem limites. Como poderíamos recriminar Deus por nossas enfermidades e sofrimentos se eles já estão impressos no rosto de seu Filho crucificado? À sua dor física somam-se o escárnio, a marginalização e a comiseração, enquanto Ele responde com a misericórdia que a todos acolhe e perdoa: "Por suas chagas fomos curados" (Is 53,5; 1Pd 2,24).

Jesus é o médico que cura com o remédio do amor, porque toma sobre si o nosso sofrimento e o redime. Sabemos que Deus sabe compreender nossas enfermidades, porque Ele mesmo as experimentou pessoalmente (cf. Hb 4,15).

A maneira como vivemos a doença e a deficiência é um indicador do amor que estamos dispostos a oferecer. A maneira como enfrentamos o sofrimento e as limitações é um critério da nossa liberdade de dar sentido às experiências da vida, mesmo quando elas nos parecem absurdas e injustas.

Não nos deixemos abalar, portanto, por essas tribulações (cf. 1Ts 3,3). Sabemos que na fraqueza podemos nos tornar fortes (cf. 2Cor 12,10) e receber a graça de completar o que falta em nós dos sofrimentos de Cristo, em favor de seu corpo, a Igreja (cf. Cl 1,24); um corpo que, à imagem do corpo do Senhor ressuscitado, conserva as chagas, sinal da árdua luta, mas são chagas transfiguradas para sempre pelo amor.

Homilia, 12 de junho de 2016

A resposta para as nossas perguntas

Como podem acontecer tantas desgraças, doenças, tráfico e comércio de pessoas, guerras, destruições, mutilações, vinganças, ódio? Mas onde está o Senhor?

Ontem telefonei para um jovem com uma doença grave, um jovem culto, engenheiro, e durante a conversa, para lhe dar um sinal de fé, disse a ele: "Não existem explicações para o que acontece com você. Olhe para Jesus na cruz, Deus fez isso com seu Filho, e não existe outra explicação". E ele me respondeu: "Sim, mas perguntou ao Filho, e o Filho concordou. Ninguém me perguntou se eu queria isto".

Isso nos comove, a ninguém de nós se pergunta: "Mas você está feliz com o que acontece no mundo? Está disposto a carregar esta cruz?" E a cruz continua, e a fé em Jesus diminui.

Hoje a Igreja continua a dizer: "Pare, Jesus ressuscitou". E isso não é imaginação, a Ressurreição de Cristo não é uma festa cheia de flores.

Isso é bonito, mas não é só isso, é mais: é o mistério da pedra rejeitada que acaba sendo o fundamento da nossa existência.

Homilia, 16 de abril de 2017

A aposta

Nesta cultura do descarte, onde o que não serve toma o rumo do usa e joga fora, onde o que não serve é descartado, aquela pedra – Jesus – é descartada, e é fonte de vida. E, nesta terra de dor, de tragédias, também nós, pedrinhas ao chão, com a fé no Cristo Ressuscitado, temos um sentido, em meio a tantas calamidades. O sentido de olhar além, o sentido de dizer: "Veja, não há um muro; há um horizonte, há a vida, a alegria, há a cruz com esta ambivalência. Olhe para a frente, não se feche. Você, pedrinha, tem um sentido na vida porque é uma pedrinha ao lado daquela pedra, aquela pedra que a maldade do pecado descartou".

O que a Igreja nos diz hoje diante de tantas tragédias? Simplesmente isto. A pedra descartada não é realmente descartada. As pedrinhas que acreditam e se apegam àquela pedra não são descartadas, têm um sentido, e com este sentimento a Igreja repete do fundo do coração: "Cristo ressuscitou". Pensemos um pouco, cada um de nós pense, nos problemas cotidianos, nas doenças que vivemos ou que algum de nossos parentes tem;

pensemos nas guerras, nas tragédias humanas e, simplesmente, com voz humilde, sem floreios, sozinhos, diante de Deus, diante de nós mesmos, digamos: "Não sei como isso vai terminar, mas tenho certeza de que Cristo ressuscitou e apostei nisso".

Irmãos e irmãs, era isso que eu queria dizer a vocês. Voltem para suas casas repetindo em seu coração: "Cristo ressuscitou".

Homilia, 16 de abril de 2017

A força da família

A doença é uma experiência da nossa fragilidade, que vivemos quase sempre em família, desde crianças, e depois sobretudo como idosos, quando chegam as enfermidades próprias da idade. No âmbito das ligações familiares, a doença das pessoas queridas é sofrida com um "suplemento" de sofrimento e de angústia.

É o amor que nos faz sentir esse "suplemento". Quantas vezes um pai ou uma mãe têm mais dificuldade em suportar o sofrimento de um filho ou de uma filha do que o próprio! Podemos dizer que a família sempre foi o "hospital" mais próximo. Ainda hoje, em muitas partes do mundo, o hospital é um privilégio para poucos, e muitas vezes fica distante. Assim, os cuidados ficam a cargo da mãe, do pai, dos irmãos, das irmãs, dos avós, que ajudam a curar.

Diante da doença, também na família surgem dificuldades por causa da fraqueza humana. Mas, em geral, o período da doença aumenta a força dos vínculos familiares. E penso no quanto é importante educar os filhos, desde pequenos, para a solidariedade na época da doença. Uma educação que evita a sensibilidade pela doença humana endurece o coração. E faz com que os jovens sejam "anestesiados" diante do sofrimento dos outros, incapazes de enfrentar o sofrimento e de viver a experiência das limitações.

Quantas vezes não vemos chegar ao trabalho um homem ou uma mulher de ar cansado, com um semblante exausto, e quando lhe perguntamos: "O que está acontecendo?", responde: "Dormi apenas duas horas porque em casa estamos nos revezando para cuidar do bebê, do doente, do avô, da avó". E o dia continua com o trabalho.

Essas coisas são heroicas, são o heroísmo das famílias! Aqueles heroísmos ocultos que se realizam com ternura e com coragem quando há alguém doente em casa.

Audiência geral, 10 de junho de 2015

Nossa missão

Muitas páginas dos evangelhos narram os encontros de Jesus com os doentes e seu esforço em curá-los. Jesus se apresenta publicamente como alguém que luta contra a doença e que veio para curar o homem de todos os males: os males do espírito e os males do corpo.

É muito comovente a cena evangélica extraída do Evangelho de Marcos. Diz assim: "Caindo a tarde, já depois do pôr do sol, trouxeram para junto dele todos os doentes e possessos" (1,32).

Quando penso nas grandes cidades contemporâneas, pergunto-me onde estão as portas para levar os doentes esperando que sejam curados! Jesus nunca se negou a curá-los. Nunca atravessou a rua para evitá-los, nunca virou o rosto para o outro lado. E quando um pai ou uma mãe, ou até simplesmente pessoas amigas, levavam até Ele um doente para que o tocasse e o curasse, não se fazia esperar; a cura vinha antes da lei, mesmo daquela tão sagrada do descanso do sábado (cf. Mc 3,1-6). Os doutores da lei recriminavam Jesus por curar no sábado, por fazer o bem no sábado. Mas o amor de Jesus era dar a saúde, fazer o bem: e isso vem sempre em primeiro lugar!

Jesus envia os discípulos para cumprir sua obra e lhes dá o poder de curar, ou seja, de se aproximar dos doentes e de cuidar deles até o fim (cf. Mt 10,1).

Devemos ter presente o que Ele disse aos discípulos no episódio do cego de nascença (Jo 9,1-5). Os discípulos – na presença do cego! – discutiam sobre quem tinha pecado por ter nascido cego, ele ou os pais dele, para provocar a sua cegueira. O Senhor disse claramente: nem ele, nem os pais dele; é assim para que nele se manifestem as obras de Deus. E o curou.

Eis a glória de Deus! Eis a missão da Igreja! Ajudar os doentes, sem se perder em conversa fiada, ajudar sempre, consolar, aliviar, estar perto dos doentes; essa é a missão.

Audiência geral, 10 de junho de 2015

O consolo da proximidade

A fraqueza e o sofrimento dos nossos afetos mais queridos e mais sagrados podem ser uma escola de vida para nossos filhos e nossos netos – é importante educar os filhos e os netos para compreender essa proximidade na doença em família –, e eles exercem essa função quando os momentos da doença são acompanhados pela oração e pela proximidade afetuosa e dedicada dos familiares.

A comunidade cristã sabe muito bem que a família, na provação da doença, não deve ser deixada sozinha. E temos de dar graças ao Senhor por aquelas belas experiências de fraternidade eclesial que ajudam as famílias a atravessar o difícil momento da dor e do sofrimento.

Essa proximidade cristã, de uma família para outra, é um verdadeiro tesouro para a paróquia; um tesouro de sabedoria, que ajuda as famílias nos momentos difíceis, levando-as a compreender o Reino de Deus melhor do que tantos discursos! São gestos de carinho de Deus.

Audiência geral, 10 de junho de 2015

A alegria do anúncio

O Anúncio jamais poderá ser triste ou neutro, porque é expressão de uma alegria inteiramente pessoal: a alegria de um Pai que não quer que nenhum de seus pequeninos se perca; a alegria de Jesus ao ver que os pobres são evangelizados e que os pequeninos saem para evangelizar.

As alegrias do Evangelho – uso agora o plural, porque são muitas e diversas, dependendo de como o Espírito quer se comunicar em cada época, para cada pessoa em cada cultura particular – são alegrias especiais. Devem ser colocadas em odres novos, aqueles de que fala o Senhor para expressar a novidade da sua mensagem.

Um ícone da Boa-nova é o das ânforas de pedra das bodas de Caná (cf. Jo 2,6). Num detalhe, refletem bem aquele odre perfeito que é – ela mesma, toda inteira – Nossa Senhora, a Virgem Maria. O Evangelho diz que "as encheram até a boca" (Jo 2,7). Imagino que algum dos servos deve ter olhado para Maria para ver se já era o suficiente e houve um gesto em que ela terá dito para acrescentar mais um balde.

Maria é o odre novo da plenitude contagiante. Ela é a pequena serva do Pai que transborda de alegria no louvor, a Nossa Senhora da prontidão, aquela que acabara de conceber em seu seio imaculado o Verbo da vida e parte para visitar e servir sua prima Isabel. Sua plenitude contagiante permite-nos superar a tentação do medo: aquele medo de não ter coragem de se fazer encher até a

125

boca e até mais, aquela pusilanimidade de não sair para contagiar os outros de alegria. Nada de tudo isso, porque a alegria do Evangelho enche o coração e a vida inteira dos que se encontram com Jesus.

O Espírito nos diz a cada momento o que devemos dizer a nossos adversários (cf. Mt 10,19) e ilumina o pequeno passo adiante que podemos dar naquele momento. Essa suave integridade dá alegria aos pobres, reanima os pecadores, faz respirar os que estão oprimidos pelo demônio.

Homilia, 13 de abril de 2017

A alegria da fé

Os doutores da lei não entendiam a alegria da promessa; não entendiam a alegria da esperança; não entendiam a alegria da aliança. E não sabiam se alegrar, porque tinham perdido o sentido da alegria que vem apenas da fé.

Em contrapartida, nosso pai Abraão soube alegrar-se porque tinha fé: foi feito precisamente na fé. Por sua vez, aqueles doutores da lei tinham perdido a fé: eram doutores da lei, mas sem fé! E não apenas isso: tinham perdido a lei! Porque o centro da lei é o amor, o amor por Deus e pelo próximo. Mas eles só tinham um sistema de doutrinas precisas e que tornavam cada vez mais precisas a cada dia para que ninguém as tocasse. E não se alegravam nem sequer se faziam uma festa para se divertir: tanto que seguramente devem ter aberto algumas garrafas quando Jesus foi condenado. Mas sempre sem alegria, ou melhor, com medo, porque um deles, talvez enquanto bebiam, deve ter lembrado a promessa de que Jesus ressuscitaria. E, assim, com medo, não demoraram a ir em busca do procurador para dizer: "Por favor, tomem cuidado com isso, para não haver um truque".

Mas essa é a vida sem fé em Deus, sem confiança em Deus, sem esperança em Deus. A vida dessas pessoas, que só quando compreenderam que estavam erradas pensaram que o único caminho era pegar as pedras para lapidar Jesus. O coração delas estava petrificado.

De fato, é triste ser crente sem alegria e não há alegria quando não há fé, quando não há esperança, quando não há lei, mas apenas as prescrições, a doutrina fria. É isso que importa.

Homilia na Capela da Casa Santa Marta, 26 de março de 2015

Da escuridão à luz

O que significa ser cristãos? Significa olhar para a luz, continuar a fazer a profissão de fé na luz, mesmo quando o mundo está mergulhado na noite e nas trevas.

Audiência geral, *2 de agosto de 2017*

Uma luz nas trevas

Não se renda à noite: lembre-se de que o primeiro inimigo a dominar não está fora de você: está dentro. Portanto, não dê espaço para os pensamentos amargos, obscuros. Este mundo é o primeiro milagre que Deus fez, e Deus pôs em nossas mãos a graça de novos prodígios. Fé e esperança caminham juntas.

Acredite na existência das verdades mais elevadas e mais belas. Confie em Deus Criador, no Espírito Santo que orienta tudo para o bem, no abraço de Cristo que espera cada homem ao final de sua existência; acredite, Ele espera por você. O mundo caminha graças ao olhar de tantos homens que abriram brechas, que construíram pontes, que sonharam e acreditaram, mesmo quando ao redor deles ouviam palavras de desânimo.

Jesus nos entregou uma luz que brilha nas trevas: cabe a você defendê-la e protegê-la. Essa luz única é a maior riqueza confiada à sua vida.

Audiência geral, 20 de setembro de 2017

Luz do mundo

Os cristãos não são imunes às trevas, externas e também internas. Não vivem fora do mundo, porém, pela graça de Cristo recebida no Batismo, são homens e mulheres "orientados": não acreditam na escuridão, mas na luminosidade do dia; não sucumbem à noite, mas esperam na aurora; não são derrotados pela morte, mas anseiam pela ressurreição; não são subjugados pelo mal, porque confiam sempre nas infinitas possibilidades do bem. E essa é a nossa esperança cristã. A luz de Jesus, a salvação que Jesus nos traz com a sua luz que nos salva das trevas.

Nós somos aqueles que acreditam que Deus é Pai: esta é a luz! Não somos órfãos, temos um Pai, e nosso Pai é Deus. Acreditamos que Jesus desceu no meio de nós, caminhou em nossa própria vida, tornando-se companheiro sobretudo dos mais pobres e frágeis: esta é a luz!

Cremos que o Espírito Santo atua sem cessar para o bem da humanidade e do mundo, e até as maiores dores da história serão superadas: esta é a esperança que nos desperta todas as manhãs!

Cremos que cada afeto, cada amizade, cada bom desejo, cada amor, até os menores e negligenciados, um dia encontrarão seu cumprimento em Deus: esta é a força que nos impele a abraçar com entusiasmo a nossa vida de todos os dias! E esta é a nossa esperança: viver na esperança e viver na luz, na luz de Deus Pai, na luz de Jesus Salvador, na luz do Espírito Santo que nos impulsiona a seguir em frente na vida.

Audiência geral, 2 de agosto de 2017

Portadores da luz de Jesus

Que graça quando um cristão se torna realmente um "cristo-foro", ou seja, "portador de Jesus" no mundo! Sobretudo para os que estão atravessando situações de luto, de desespero, de trevas e de ódio.

E podemos perceber isso por muitos pequenos detalhes: pela luz que um cristão traz nos olhos, pelo fundo de serenidade que não é abalado nem sequer nos dias mais complicados, pelo desejo de recomeçar a amar mesmo quando tivemos muitas desilusões.

No futuro, quando for escrita a história dos nossos dias, o que se dirá de nós? Que fomos capazes de esperança ou, ao contrário, que pusemos a nossa luz debaixo de uma vasilha? Se formos fiéis ao nosso Batismo, difundiremos a luz da esperança; o Batismo é o início da esperança, aquela esperança de Deus, e poderemos transmitir razões de vida às gerações futuras.

Audiência geral, 2 de agosto de 2017

Vem a luz

"O Verbo", ou seja, a Palavra criadora de Deus, "se fez carne e veio habitar entre nós" (Jo 1,14). Aquela Palavra, que habita no céu, isto é, na dimensão de Deus, veio à terra para que nós a ouvíssemos e pudéssemos conhecer e tocar com as mãos o amor do Pai. O Verbo de

Deus é seu Filho Unigênito feito homem, cheio de amor e de fidelidade, é o próprio Jesus.

O evangelista não esconde a dramaticidade da Encarnação do Filho de Deus, ressaltando que o dom do amor de Deus não encontra o acolhimento por parte dos homens. A Palavra é a luz, e ainda assim os homens preferiram as trevas; a Palavra veio entre os seus, mas eles não a acolheram. Fecharam a porta para o Filho de Deus.

É o mistério do mal que ameaça também a nossa vida e que exige de nossa parte vigilância e atenção para que não prevaleça. O Livro do Gênesis traz uma bela frase que nos permite compreender isso: diz que o mal está "à espreita diante da nossa porta" (cf. 4,7). Ai de nós se o deixarmos entrar; então seria ele que fecharia nossa porta para qualquer outro. Ao contrário, somos chamados a abrir de par em par a porta do nosso coração para a Palavra de Deus, para Jesus, para assim nos tornarmos seus filhos.

É o convite da santa Mãe Igreja a acolher esta Palavra de salvação, este mistério de luz. Se o acolhermos, se acolhermos Jesus, cresceremos no conhecimento e no amor do Senhor, aprenderemos a ser misericordiosos como Ele.

Façamos com que o Evangelho se torne cada vez mais carne também em nossa vida. Aproximar-se do Evangelho, meditá-lo, encarná-lo na vida cotidiana é a melhor maneira de conhecer Jesus e levá-lo aos outros. Esta é a vocação e a alegria de todo batizado: mostrar e doar Jesus aos outros; mas para fazer isso temos de conhecê-lo e tê-lo dentro de nós, como Senhor da nossa vida. E Ele nos defende do mal, do diabo, que sempre está à espreita diante de nossa porta, diante do nosso coração, e quer entrar.

Angelus, 3 de janeiro de 2016

A estrela da fé

É urgente recuperar o caráter de luz próprio da fé, porque, quando sua chama se apaga, todas as outras luzes também perdem a sua força. De fato, a luz da fé tem um caráter singular, sendo capaz de iluminar toda a existência do homem. Para que uma luz seja tão poderosa não pode vir de nós mesmos, deve vir de uma fonte mais originária, em suma, deve vir de Deus.

A fé nasce no encontro com o Deus vivo, que nos chama e nos revela o seu amor, um amor que nos precede e no qual podemos nos apoiar para ter firmeza e construir a vida. Transformados por esse amor, recebemos novos olhos, experimentamos que há nele uma grande promessa de plenitude e se abre para nós o olhar do futuro.

A fé, que recebemos de Deus como dom sobrenatural, aparece como luz pelo caminho, luz que orienta os nossos passos no tempo. De um lado, ela provém do passado, é a luz de uma memória fundante, a da vida de

Jesus, onde se manifestou seu amor plenamente confiável, capaz de vencer a morte.

Ao mesmo tempo, porém, como Cristo ressuscitou e nos atrai além da morte, a fé é luz que vem do futuro, que descerra diante de nós grandes horizontes e nos leva além do nosso "eu" isolado, para a amplitude da comunhão.

Então compreendemos que a fé não habita no escuro; que ela é uma luz para as nossas trevas. Na *Divina comédia*, Dante, depois de confessar a sua fé diante de São Pedro, descreve-a como uma "centelha,/ que depois se expande em vívida chama/ e como estrela no céu em mim cintila". É precisamente dessa luz da fé que eu gostaria de falar, para que cresça e ilumine o presente até se tornar estrela que mostra os horizontes do nosso caminho, num tempo em que o homem está particularmente necessitado de luz.

Lumen fidei, 2013

A vitória da luz

A presença de Jesus ressuscitado transforma todas as coisas: a escuridão é vencida pela luz, o trabalho inútil se torna novamente frutífero e promissor, a sensação de cansaço e de abandono dá lugar a um novo impulso e à certeza de que Ele está conosco.

Desde então, esses mesmos sentimentos animam a Igreja, a Comunidade do Ressuscitado. Todos nós somos a comunidade do Ressuscitado!

Se às vezes, a um olhar superficial, pode parecer que as trevas do mal e a tribulação da vida cotidiana têm a supremacia, a Igreja sabe com certeza que em todos os que seguem o Senhor Jesus resplandece agora a eterna luz da Páscoa. O grande anúncio da Ressurreição infunde nos corações dos fiéis uma alegria íntima e uma esperança indestrutível. Cristo realmente ressuscitou!

Também hoje a Igreja continua a fazer ecoar este anúncio jubiloso: a alegria e a esperança continuam a fluir nos corações, nos rostos, nos gestos, nas palavras.

Todos nós cristãos somos chamados a transmitir essa mensagem de ressurreição a todos os que encontramos, especialmente a quem sofre, a quem está só, a quem se encontra em condições precárias, aos doentes, aos refugiados, aos marginalizados.

Façamos chegar a todos um raio da luz de Cristo ressuscitado, um sinal de seu poder misericordioso.

Regina Coeli, 10 de abril de 2016

O sol do Natal

"O povo que andava nas trevas viu uma grande luz; sobre os que habitavam o país da escuridão uma luz resplandeceu" (Is 9,1). "Um anjo do Senhor lhes apareceu [aos pastores] e a glória do Senhor os envolveu de luz" (Lc 2,9).

Assim a liturgia da santa noite de Natal nos apresenta o nascimento do Salvador: como luz que penetra e dissolve a mais densa escuridão. A presença do Senhor no meio de seu povo apaga o peso da derrota e a tristeza da escravidão, e instaura a alegria e o júbilo.

Também nós, nesta noite abençoada, viemos à casa de Deus atravessando as trevas que envolvem a terra, mas guiados pela chama da fé que ilumina os nossos passos e animados pela esperança de encontrar a "grande luz". Abrindo o nosso coração, também nós temos a possibilidade de contemplar o milagre daquele menino-sol que, surgindo do alto, ilumina o horizonte.

Ao longo do caminho da história, a luz que rasga a escuridão nos revela que Deus é Pai e que sua paciente fidelidade é mais forte do que as trevas e a corrupção. Nisso consiste o anúncio da noite de Natal. Deus não conhece a explosão da ira e a impaciência; está sempre ali, como o pai da parábola do filho pródigo, esperando para vislumbrar de longe a volta do filho perdido; e todos os dias, com paciência. A paciência de Deus.

Homilia, 24 de dezembro de 2014

O coração repleto de luz

Também em nossa vida existem diversas estrelas, luzes que brilham e orientam. Cabe a nós escolher quais seguir. Por exemplo, há luzes intermitentes, que vão e vêm, como as pequenas satisfações da vida: mesmo que sejam boas, não são suficientes, porque duram pouco e não nos proporcionam a paz que procuramos. Além disso, há também as luzes ofuscantes dos holofotes, do dinheiro e do sucesso, que prometem tudo e imediatamente: são sedutoras, mas cegam com sua força e fazem passar dos sonhos de glória à escuridão mais densa.

Os magos, ao contrário, convidam a seguir uma luz estável, uma luz suave, que não se apaga, porque não é deste mundo: vem do céu e brilha... onde? No coração.

Esta luz verdadeira é a luz do Senhor, ou melhor, é o próprio Senhor. Ele é a nossa luz: uma luz que não ofusca, mas acompanha e dá uma alegria única. Esta luz é para todos e chama cada um de nós. Assim podemos sentir dirigido a nós o atual convite do Profeta Isaías: "Põe-te de pé e torna-te luz" (60,1).

E como encontrar esta luz divina? Sigamos o exemplo dos magos, que o Evangelho descreve sempre em movimento. De fato, quem deseja a luz, sai de si mesmo e busca: não permanece fechado, parado, olhando o que está acontecendo ao seu redor, mas põe em jogo a própria vida; sai de si mesmo. A vida cristã é um caminho contínuo, feito de esperança, feito de busca; um caminho que, como o dos magos, continua mesmo quando a estrela desaparece momentaneamente da vista.

Aprendamos com os magos a não dedicar a Jesus apenas as sobras de tempo e um ou outro pensamento de vez em quando, do contrário não teremos a sua luz.

Como os magos, coloquemo-nos a caminho, revistamo--nos de luz seguindo a estrela de Jesus, e adoremos o Senhor com todo o nosso ser.

Angelus, 6 de janeiro de 2017

Sal e luz da terra

O Senhor nos ensinou palavras decisivas e disse: "Que vosso falar seja este: sim, não. O supérfluo provém do maligno". Esta atitude de segurança e de testemunho foi confiada pelo Senhor à Igreja e a todos nós batizados, aos quais se pede segurança na plenitude das promessas em Cristo: em Cristo tudo se consumou, e testemunho para os outros.

Ser cristão é isto: iluminar, ajudar para que a mensagem e as pessoas não se corrompam, como faz o sal. Mas, se não aceitarmos o "sim" em Jesus e a "antecipação" do Espírito, então o testemunho será fraco.

A proposta cristã é tão simples quanto decisiva e dá muita esperança. Basta, portanto, que nos perguntemos: "Eu sou luz para os outros? Sou sal para os outros, que dá sabor à vida e a protege da corrupção? Estou agarrado a Jesus Cristo, que é o 'sim'? Sinto-me ungido, selado? Sei que tenho esta segurança que será plena no céu, mas ao menos é 'antecipação' dela, agora, o Espírito?"

Mesmo na linguagem cotidiana, quando uma pessoa está repleta de luz, dizemos: "Esta é uma pessoa solar".

Aqui estamos diante do reflexo do Pai em Jesus, no qual todas as promessas se cumpriram, e do reflexo da unção do Espírito que todos nós temos.

Mas qual é a finalidade de tudo isso? Em suma, por que recebemos isso? A resposta se encontra nas leituras. De fato, São Paulo diz: "E por isso, através de Cristo, sobe a Deus o nosso 'amém' por sua glória", portanto para glorificar a Deus. E Jesus – no Evangelho de Mateus (5,13-16) – diz aos discípulos: "Assim brilhe vossa luz diante dos homens, para que, vendo as vossas boas obras, glorifiquem a vosso Pai que está nos céus". Mais uma vez, para glorificar a Deus.

Por isso, peçamos esta graça: de estar agarrados, enraizados, na plenitude das promessas em Jesus Cristo, que é "sim", totalmente "sim", e de levar esta plenitude com o sal e a luz do nosso testemunho aos outros para dar glória ao Pai que está nos céus.

Homilia na Capela da Casa Santa Marta, 13 de junho de 2017

Iluminação

Vocês pediram para suas crianças a fé, a fé que será dada no Batismo. A fé: isso significa vida de fé, porque a fé deve ser vivida; caminhar na estrada da fé e dar testemunho da fé.

A fé não é recitar o *Credo* aos domingos, quando vamos à missa: não é apenas isso. A fé é acreditar naquele que é a Verdade: Deus Pai, que enviou seu Filho, e o Espírito, que nos vivifica. Mas a fé é também confiar-se a Deus, e cabe a vocês ensinar isso a elas, com seu exemplo, com sua vida.

E a fé é luz: na cerimônia do Batismo, vocês receberão uma vela acesa, como nos primeiros tempos da Igreja. E por isso, naqueles tempos, o Batismo se chamava "iluminação", porque a fé ilumina o coração, faz ver as coisas com outra luz.

Vocês pediram a fé: a Igreja dá a fé aos seus filhos com o Batismo, e vocês têm a missão de fazê-la crescer, protegê-la, e transformá-la em testemunho para todos os outros. Esse é o sentido desta cerimônia. E gostaria de lhes dizer apenas isto: protejam a fé, façam com que ela cresça, que seja testemunho para os outros.

Homilia, 8 de janeiro de 2017

Aquela luz nos olhos

Como se descobre a própria vocação neste mundo? Podemos descobri-la de várias maneiras, mas o Evangelho nos diz que o primeiro indicador é a alegria do encontro com Jesus. Casamento, vida consagrada, sacerdócio: toda vocação verdadeira começa com um encontro com Jesus que nos dá uma alegria e uma esperança nova;

e nos conduz, mesmo que através de provações e dificuldades, a um encontro cada vez mais pleno, que se torna maior, o encontro com Ele e com a plenitude da alegria.

O Senhor não quer homens e mulheres que o seguem de má vontade, sem ter no coração o vento da alegria. Vocês que estão na praça, eu lhes pergunto – e cada um responda para si mesmo: vocês têm no coração o vento da alegria?

Cada um se pergunte: "Eu tenho dentro de mim, no coração, o vento da alegria?". Jesus quer pessoas que sentiram que estar com Ele traz uma felicidade imensa, que pode ser renovada todos os dias da vida. Um discípulo do Reino de Deus que não seja alegre não evangeliza este mundo, é alguém triste. Não nos tornamos pregadores de Jesus aperfeiçoando as armas da retórica: você pode falar, falar e falar, mas se não há outra coisa...

Como nos tornamos pregadores de Jesus? Guardando nos olhos o brilho da verdadeira felicidade. Vemos tantos cristãos, mesmo entre nós, que com os olhos nos transmitem a alegria da fé: com os olhos!

Audiência geral, 30 de agosto de 2017

Sol eterno

Nós acreditamos e sabemos que a morte e o ódio não são as últimas palavras pronunciadas sobre a parábola da existência humana. Ser cristãos implica uma nova perspectiva: um olhar cheio de esperança. Alguns acreditam que a vida encerra todas as suas felicidades na juventude e no passado, e que viver é uma lenta decadência. Outros, por sua vez, consideram que nossas alegrias são apenas episódicas e passageiras e que na vida dos homens está inscrita a falta de sentido. São estes que, diante de tantas calamidades, dizem: "A vida não tem sentido. Nosso caminho é a insensatez".

Mas nós cristãos não acreditamos nisso. Ao contrário, acreditamos que no horizonte do homem há um sol que ilumina para sempre. Acreditamos que os nossos dias mais bonitos ainda estão para chegar. Somos pessoas mais de primavera que de outono.

Não nos embalemos em nostalgias, remorsos e queixas: sabemos que Deus nos quer herdeiros de uma promessa e incansáveis cultivadores de sonhos. Não se esqueçam da pergunta: "Sou uma pessoa de primavera ou de outono?" De primavera, que espera a flor, que espera o fruto, que espera o sol que é Jesus, ou de outono, sempre cabisbaixo, amargurado e, como às vezes eu disse, com o semblante da pimenta curtida no vinagre?

O futuro não nos pertence, mas sabemos que Jesus Cristo é a maior graça da vida: é o abraço de Deus que nos espera no final, mas que já agora nos acompanha e nos consola ao longo do caminho.

E será bom descobrir naquele instante que nada se perdeu, nenhum sorriso e nenhuma lágrima. Por mais que nossa vida tenha sido longa, teremos a impressão de ter vivido num sopro. E que a criação não parou no sexto dia do Gênesis, mas continuou incansavelmente, porque Deus sempre se preocupou conosco. Até o dia em que tudo se cumprirá, na manhã em que se extinguirão as lágrimas, no exato instante em que Deus pronunciará sua última palavra de bênção: "Eis – diz o Senhor – que eu renovo todas as coisas!" Sim, o nosso Pai é o Deus das novidades e das surpresas. E naquele dia nós seremos realmente felizes, e choraremos. Sim, mas choraremos de alegria.

Audiência geral, 23 de agosto de 2017

Convite à alegria

"Alegrai-vos sempre no Senhor! Repito-vos: alegrai-vos!" (Fl 4,4). Um convite que toca fortemente a nossa vida. Alegrai-vos, nos diz São Paulo, com uma força quase imperativa. Um convite que se faz eco do desejo de que todos experimentemos uma vida plena, uma vida que tenha sentido, uma vida jubilosa. É como se Paulo tivesse a capacidade de escutar cada um dos nossos corações e desse voz ao que sentimos, ao que vivemos. Há algo dentro de nós que nos convida à alegria e a não nos adaptar a paliativos que buscam sempre nos satisfazer.

Mas, por nossa vez, vivemos as tensões da vida cotidiana. São muitas as situações que parecem pôr em dúvida esse convite. A dinâmica a que muitas vezes estamos sujeitos parece nos levar a uma resignação triste que pouco a pouco vai se transformando em hábito, com uma consequência letal: anestesiar nosso coração.

Não queremos que a resignação seja o motor de nossa vida – ou queremos? Não queremos que o hábito tome conta dos nossos dias – ou queremos? Por isso podemos nos perguntar: como fazer para que nosso coração não fique anestesiado? Como aprofundar a alegria do Evangelho nas diversas situações de nossa vida?

Jesus o disse aos discípulos de então e o diz a nós: Ide! Anunciai! Só se experimenta, se conhece e se vive a alegria do Evangelho doando-a, doando-se.

Homilia, 23 de setembro de 2015

Recomeçar com alegria

A alegria do Evangelho não é uma alegria qualquer. Sua razão de ser está em nos sabermos acolhidos e amados por Deus. Como nos recorda o Profeta Isaías (cf. 35,1-6a.8a.10), Deus é aquele que vem nos salvar, e presta socorro especialmente aos perdidos de coração. Sua vinda entre nós fortalece, torna firme, dá coragem, faz exultar e florir o deserto e a estepe, ou seja, a nossa vida quando se torna árida.

E quando nossa vida se torna árida? Quando lhe falta a água da Palavra de Deus e de seu Espírito de amor. Por maiores que sejam as nossas limitações e a nossa desorientação, não podemos ser fracos e vacilantes diante das dificuldades e das nossas próprias fraquezas.

Ao contrário, somos convidados a fortalecer as mãos, a tornar os joelhos firmes, a ter coragem e não temer, porque nosso Deus nos mostra sempre a grandeza de sua misericórdia. Ele nos dá a força para seguir em frente. Ele está sempre conosco para nos ajudar a continuar. É um Deus que gosta muito de nós, que nos ama, e por isso está conosco, para nos ajudar, para nos fortalecer e seguir adiante.

Coragem! Sempre em frente! Graças à ajuda de Deus, podemos sempre recomeçar. Como? Recomeçar? Alguns poderão me dizer: "Não, Padre, eu aprontei muito... Sou um grande pecador, uma grande pecadora... Não posso recomeçar!"

Você está errado! Pode recomeçar! Por quê? Porque Ele te espera, Ele está perto de você, Ele te ama, Ele é misericordioso, Ele te perdoa, Ele te dá a força para recomeçar! A todos! Então somos capazes de reabrir os olhos, de superar a tristeza e o pranto e entoar um canto novo.

E essa alegria verdadeira permanece mesmo nas provações, mesmo no sofrimento, porque não é uma alegria superficial, mas desce ao fundo da pessoa que se entrega a Deus e nele confia.

Angelus, 15 de dezembro de 2013

A alegria da santidade

Teresa de Jesus convida suas monjas a "caminhar com alegria", servindo (*Caminho*, 18, 5). A verdadeira santidade é alegria, porque "um santo triste é um triste santo".

Os santos, antes de ser heróis corajosos, são fruto da graça de Deus aos homens. Cada santo nos mostra um traço do rosto multiforme de Deus. Em Santa Teresa contemplamos o Deus que, sendo "soberana Majestade, eterna Sabedoria" (*Poesia* 2), se revela próximo e companheiro e sente alegria em conversar com os homens: Deus se alegra conosco. E, sentindo o amor de Deus, na santa nascia uma alegria contagiante que ela não conseguia disfarçar e que transmitia ao seu redor.

Esta alegria é um caminho que é preciso percorrer por toda a vida. Não é instantânea, superficial, tumultuada. É preciso buscá-la já "nos inícios" (*Vida* 13,1). Exprime a alegria interior da alma, é humilde e modesta. Não se alcança com o atalho fácil que evita a renúncia, o sofrimento ou a cruz, mas se encontra sofrendo tribulações e dores, olhando para o Crucificado e buscando o Ressuscitado.

Por isso, a alegria de Santa Teresa não é egoísta nem autorreferencial. Como a do céu, consiste em "alegrar-se com a alegria de todos" (*Caminho* 30, 5), colocando-se a serviço dos outros com amor desinteressado.

Como disse a um dos seus mosteiros em dificuldade, a santa diz hoje também a nós, sobretudo aos jovens: "Não deixem de caminhar com alegria!". O Evangelho não é um fardo de chumbo que se arrasta com dificuldade, mas uma fonte de alegria que preenche de Deus o coração e o impele a servir os irmãos!

Mensagem por ocasião do Ano Jubilar Teresiano, 15 de outubro de 2014

Treinar-se para a alegria

A liberdade é o dom de poder escolher o bem: esta é a liberdade. Livre é quem escolhe o bem, quem procura o que agrada a Deus, ainda que seja trabalhoso; não é fácil. Mas creio que vocês, jovens, não têm medo dos esforços, são corajosos! Só com escolhas corajosas e fortes se realizam os maiores sonhos, aqueles pelos quais vale a pena dar a vida. Escolhas corajosas e fortes.

Não se contentem com a mediocridade, com o "ir levando", limitando-se a permanecer confortáveis e sentados; não confiem em quem os afasta da verdadeira riqueza, que são vocês, dizendo-lhes que a vida só é boa quando se tem muitas coisas; desconfiem dos que querem levá-los a acreditar que o importante é fingir que são fortes, como os heróis dos filmes, ou usar roupas da última moda.

A felicidade de vocês não tem preço e não se vende; não é um aplicativo que se baixa no celular: nem sequer a versão mais atualizada poderá ajudá-los a se tornar livres e grandes no amor. A liberdade é outra coisa.

Sei que vocês são capazes de gestos de grande amizade e bondade. São chamados a construir assim o futuro: junto com os outros e para os outros, nunca contra qualquer outro! Não se constrói "contra": isso se chama destruição.

Vocês farão coisas maravilhosas se se prepararem desde já, vivendo plenamente essa idade tão rica de dons, e sem ter medo do esforço. Façam como os campeões esportivos, que atingem altas metas treinando com humildade e duramente todos os dias. Que o programa cotidiano de vocês sejam as obras de misericórdia: treinem com entusiasmo nelas para se tornar campeões de vida, campeões de amor! Assim vocês serão reconhecidos como discípulos de Jesus. Assim terão a carteira de identidade de cristãos. E eu lhes garanto: a alegria de vocês será plena.

Homilia, 24 de abril de 2016

Criados para a alegria

Ter uma alma vazia é o pior obstáculo para a esperança. É um risco do qual ninguém pode se considerar isento; porque podemos ser tentados contra a esperança mesmo quando percorremos o caminho da vida cristã.

Os monges da antiguidade denunciaram um dos piores inimigos do fervor. Diziam assim: aquele "demônio do meio-dia" que vai debilitar uma vida de dedicação, exatamente quando o sol brilha alto no céu. Essa tentação nos surpreende quando menos esperamos: os dias se tornam monótonos e entediantes, temos a impressão de que nenhum valor merece o nosso esforço. Essa atitude se chama indolência, que corrói a vida desde dentro até deixá-la como um invólucro vazio.

Quando isso acontece, o cristão sabe que aquela condição deve ser combatida, jamais aceita passivamente. Deus nos criou para a alegria e para a felicidade, e não para ficar remoendo pensamentos melancólicos. Eis por que é importante preservar o próprio coração, combatendo as tentações de infelicidade, que certamente não provêm de Deus.

E quando nossas forças parecem fracas e a batalha contra a angústia se mostra particularmente difícil, sempre podemos recorrer ao nome de Jesus. Podemos repetir aquela oração simples, cujos traços encontramos também nos evangelhos e que se tornou o eixo de muitas tradições espirituais cristãs: "Senhor Jesus Cristo, Filho do Deus vivo, tende piedade de mim, que sou pecador!" Uma bela oração. Esta é uma oração de esperança, porque me dirijo Àquele que pode abrir as portas e resolver o problema, levando-me a olhar o horizonte, o horizonte da esperança.

Audiência geral, 27 de setembro de 2017

CULTURAL

Administração – Antropologia – Biografias
Comunicação – Dinâmicas e Jogos
Ecologia e Meio Ambiente – Educação e Pedagogia
Filosofia – História – Letras e Literatura
Obras de referência – Política – Psicologia
Saúde e Nutrição – Serviço Social e Trabalho
Sociologia

CATEQUÉTICO PASTORAL

Catequese – Pastoral
Ensino religioso

REVISTAS

Concilium – Estudos Bíblicos
Grande Sinal – REB

TEOLÓGICO ESPIRITUAL

Biografias – Devocionários – Espiritualidade e Mística
Espiritualidade Mariana – Franciscanismo
Autoconhecimento – Liturgia – Obras de referência
Sagrada Escritura e Livros Apócrifos – Teologia

PRODUTOS SAZONAIS

Folhinha do Sagrado Coração de Jesus
Calendário de mesa do Sagrado Coração de Jesus
Almanaque Santo Antônio – Agendinha
Diário Vozes – Meditações para o dia a dia
Encontro diário com Deus
Guia Litúrgico

VOZES NOBILIS

Uma linha editorial especial, com
importantes autores, alto valor
agregado e qualidade superior.

VOZES DE BOLSO

Obras clássicas de Ciências Humanas
em formato de bolso.

CADASTRE-SE
www.vozes.com.br

EDITORA VOZES LTDA.
Rua Frei Luís, 100 – Centro – Cep 25689-900 – Petrópolis, RJ
Tel.: (24) 2233-9000 – Fax: (24) 2231-4676 – E-mail: vendas@vozes.com.br

UNIDADES NO BRASIL: Belo Horizonte, MG – Brasília, DF – Campinas, SP – Cuiabá, MT
Curitiba, PR – Fortaleza, CE – Juiz de Fora, MG – Petrópolis, RJ – Recife, PE – São Paulo, SP